絶対東京ヤクルトスワローズ!

スワチューという悦楽

坂東亀三郎
歌舞伎役者

パトリック・ユウ
スタジアムDJ

さくら舎

目次◆絶対東京ヤクルトスワローズ！
——スワチューという悦楽

第1部　涙と興奮の神宮劇場

第1章　神宮ノスタルジー　坂東亀三郎

第2章　素晴らしきスワローズ戦士たち　パトリック・ユウ

第2部　だから俺はヤクルトが好きなんだ！
——歌舞伎役者・坂東亀三郎の咆哮

第3部　日本シリーズの舞台でしゃべらせていただきたい！
——スタジアムDJ　パトリック・ユウの熱情

第1章　スワローズとの交流

第2章 NO YASUSHI、NO DJ PATRICK

第3章 スワローズ中毒への入口

第4部　スワチューの激烈対談　坂東亀三郎VS.パトリック・ユウ

私にも言わせろ！　ヤクルトファン20人の叫び

記録　２００１～２０１４年の歩み

絶対東京ヤクルトスワローズ！

――スワチューという悦楽

第1部　涙と興奮の神宮劇場

第１章　神宮ノスタルジー

坂東亀三郎《ばんどうかめさぶろう》

１　神宮球場の知られざる魅力

神宮球場には屋根がない。

これがいいんです。屋根がないことで「開幕戦が寒い」などの不便はありますが、風を感じることができるし、四季も楽しめる。４月は桜並木、シーズンオフには銀杏《いちょう》並木、そして緑はキレイ。あの都会のど真ん中で、和や四季がすごく感じられる場所です。

特に、夏の花火は魅力的です。試合で花火が始まって以来……僕は花火大会にずっと行っていない！

いわゆる花火大会へ行くより、神宮でいいじゃないですか。野球を見ることができて、ビールも売っている。普通の花火大会でビールを片手に座って花火を見ようなんて思ったら、すんごく大変ですよ。その点、神宮は手を挙げればフッと売り子さんが来て、ビールを飲みながら花火が見られる。ただ1つ、ムカツクとすればホームの外野席から花火が見づらいこと。むしろ、ビジター側からのほうが見やすいんです。

「なんでホームのほうが見づらいんだ！　逆だろ」と思うのですが、国立競技場があるので打ち上げ場所は難しい部分もあるのでしょうね。

ビール半額デーの人の入りはハンパないです。普段は見に来ない近隣の会社の方たちも観戦に来るので、その中の1人でも2人でもまたリピートしてくれればいい。営業戦略としては間違ってないと思います。瓶ビールを売っている12球団唯一の球場。

いいですよね、夏の神宮球場。ビールがバンバン売れて花火が上がって。でも、だいたい負けるんですけどね。

神宮球場の魅力の1つは他球団のファンが多いこと。それって素晴らしいことだと思うんです。東京ドームは巨人ファンばかりで肩身の狭い思いをするし、イラッとする。でも、神宮はウエルカム。野球が好きな人たちが集まっている感じがします。それぞれみんな好きなチームがありますが、純粋に野球が好きで野球の応援をすることを喜びにする人が集まっている。サッカーのように競技自体よりも応援が楽しいという雰囲気はあまりなく、みんなで同じ方向を向いて野球を見ている気がします。

アマチュア野球も見ることができるのは利点です。暇だったら朝からずーっと野球を見ていられる。２試合くらい大学野球を観戦して、そのまま軟式球場へ移動してスワローズの練習を見学。球場へ戻ってまた練習をのぞく。朝から晩まで野球を見ていられる！　夏なら全国高校野球選手権大会（甲子園）の東東京および西東京大会も見られますからね。

東京六大学、東都リーグ、高校野球で見ていた選手たちが、また神宮で活躍するってのが面白いですよね。例えば、今年は法政大学だった大引啓次《おおびきけいじ》さんが神宮にまた戻ってきました。「戻ってきた」って素晴らしい言葉じゃないですか。高校、大学でこれが出来るのは甲子園くらい。でも、甲子園は試合数が少ない。神宮なら高校、そして大学４年間の春秋リーグでかなりの試合数を過ごせます。

選手の練習を間近で見ることができるのも魅力です。軟式球場へ行けば目の前で練習している。サインをしてもらおうと思ったら、幾らでもしてもらえますよね。他の球場だったらまず考えられない。

近くで選手に接することで、プロ野球選手のすごさを改めて感じることができます。間近で見ると、ホントに身体が大きい。

球場だってそうです。客席で見ていると「意外と自分でも本塁打とか打てちゃうんじゃないの？」と錯覚する。でも、グラウンドに降りてみると「いやいや無理無理」と実感できる距離感がある。

プロ野球選手は観客席から小柄に見えたとしても、実際はやはり大きいし、体に厚みがある。その選手を間近に見られるのも神宮の良さです。

もしかしたら、僕はチームが好きであるのと同時に、神宮球場が好きなのかもしれません。例えばレプリカユニホームにしても長年１人の選手を買い続けるのではなく、古田《ふるた》敦也《あつや》さん、宮本《みやもと》慎也《しんや》さん、城石《しろいし》憲之《のりゆき》さん、田中《たなか》浩康《ひろやす》さん、福地《ふくち》寿樹《かずき》さん……、そして今はつば九郎バージョン。考えてみれば、選手個人に対して熱狂的になったことはない。

今は仕事終わりに神宮球場へフラッと行って、野球を見ながら球場でしか会えない仲間と「おう！」みたいな感じで話をするのが楽しい。楽しみ方は年々変わってきているのかもしれません。

２　一番切なかった試合――古田監督辞任発表

最近で一番印象に残っているのは２００８年、巨人相手の開幕３連勝です。巨人に３つ勝つというのは、いまだにお祭りだと思います。まだ春先で寒かったけれど、バックスクリーンの横で３試合通して見ていました。つば九郎のパペット人形に「開幕３連勝」とサインしてもらいましたね。

印象深いプレーといえば、93年日本シリーズ第4戦で飯田哲也《いいだてつや》さんがバックホームで二塁走者の生還を阻止した返球はすごかった。2013年まではコーチを務めていましたが、まさかミレッジに背番号を奪われるとは……。

あとは92年日本シリーズ第1戦の杉浦享《すぎうらとおる》さんのシリーズ史上初の代打サヨナラ満塁弾も。杉浦さんも好きだったので、引退するといわれていた年の最後の日本シリーズで出てきて打っちゃって、引退が延びたというのが嬉しくて印象的でした。

長年スワローズを見てきて一番切なくて、一番号泣した試合は古田監督が辞任発表した日（2007年9月19日　中日戦）の試合です。クライマックスシリーズ進出の可能性が完全に消滅して、夕方に引退発表。会見後のナイターは負けてしまいました。ベンチから出た古田監督はいつものように一塁側をずっと歩いて、手を振りながら右翼側の出入り口からいなくなられた。

外野のみんなが叫びました。

「古田ぁ——!、古田ぁ——!」

そうしたら、もう1回戻ってきてくださって。距離が遠かったのでよく見えなかったのですが、「ごめんね」みたいなニュアンスで帽子を取って外野に頭を下げてくださった。その時、俺らも「ごめんね」という気持ちになりました。あれはすっげー泣きましたね。嗚咽《おえつ》でした。

今は何でもかんでも「号泣《ごうきゅう》」という言葉を使いますが、そんなちまたに使われている号泣ではなく、文字通り号泣しました。泣き過ぎて「ウエッ」とえずきました。みんながそんな状況で。

悔しかったんですよね。だって、古田さんが頭を下げたわけですよ。あの人のおかげでスワローズが強くなっていい夢を見させてもらったのに、監督になって2年目で——。

その時は知らなかったですが、あとあとニュースを見たら〝もう1年続けてくれって言われたけれど、監督が責任を負うもので、もう1年続けることによって誰かに責任を負わせなきゃいけないから僕が辞める〟と話していたんですよね。

古田さんがわざわざ戻ってきて、ファンに向かって「すまん」という仕草をされた。あれは何とも言えないです。

入団当初はメガネをかけた捕手ということで、けなされながら入ってきた選手でした。通用しないと言われていた中で反骨心をもって一流になった選手です。宮本さんもそうですよね。入団当初は専守防衛の「自衛隊」と言われて。

僕らだって、古田さんが入団された当初は「メガネの捕手?」と思いました。大学、社会人を経ていたし、新人の時は「のび太みたい」なんて言われたりもしていました。

でも、本当にすごい選手。守備だけではなく、首位打者も獲っている。古田さんそのものがスワローズだったという時代がありました。青木宣親《あおきのりちか》さん、宮本さん時代のスワローズもあったと思いますが、古田＝スワローズ、古田なくしてスワローズなし、という時代を築いた方でした。

絶対的存在。たぶん過去、スワローズにそういう選手はそういないと思います。

「F－PROJECT」を始めて、外部から人を招へいして球団名を「東京ヤクルトスワローズ」にしたのも古田さん。それこそ今の「つばめ改革」のはしりです。スワローズを新しく変えて、ユニホームがBEAMSに変わりましたよね。「F」の意味も古田さんの頭文字以外にも、「FUN（楽しく）」「FAN（ファン）」「FULL（神宮を満員に）」という意味がありましたよね。地域密着策で外苑前駅《がいえんまえ》からポスターを貼り出したのもその頃。球場内外で尽力された方だと思います。

あの号泣は僕のそういった思いがすべて出て来ちゃったのかな。古田さん、奥様とも個人的に接点があったので、あの時は「こっちこそ、ごめん」っていう気持ちがありましたね。

涙ではなく、笑顔で古田さんを振り返るとしたら、2001年日本シリーズで近鉄と戦って優勝が決まった試合（10月25日　第5戦）です。捕邪飛で試合が終わり、高津臣吾《たかつしんご》さんと古田さんが抱き合うのかと思ったら、横から石井一久《いしいかずひさ》さんが飛びこんできて、古田さんが「アレ？」みたいになって。

絵としてはバッテリーが抱き合うのが様式美だったはずが、途中から一久さんがベンチからカニ歩きで出てきて、そのまま高津さんに抱きついちゃった。一久さんらしいっちゃあ、らしい。

あの時代は高津さん、一久さん、五十嵐亮太《いがらしりょうた》さんにしても、ストライクゾーンがすごく広い投手たちでしたから、古田さんじゃなかったら暴投、パスボールは増えていたかもしれません。キャッチングの技術が素晴らしい方なのだろうと思います。また、古田さんが受けていた時代は試合がすごく早かったですよね。捕って投げたら、もう持って投げて。強いチームは「あ・うん」の意思疎通によるテンポがあるのかなあと思います。

3　神宮で観戦するならココで見よ！

神宮ではいろんな場所で観戦しますが、真剣に野球を見たい時は三塁側、それも三塁ベースのところにいます。よく守備では三塁を「ホットコーナー」と言いますが、三塁は攻撃時のホットコーナーとしても面白いんですよ。ここを逃しては塁を目指す走者が間近で自分に向かって走ってくるという光景を見る機会自体があまりない。なんといっても三塁を回れば点が入る。

コーチが走者を止めるか、行かせるかの判断を見るのも興味深いですし、三塁は熱い。熱いです！

ほかのおすすめスポットは右翼ポール際の内野席。その上側の席から見ると、外野３選手のラインが見える。さらに、その先にちょうど夕日が沈んでいく風景もなかなかです。そこで見るのはすごく楽しいですね。神宮球場の建て替えが決まりましたし、Ｔｗｉｔｔｅｒのハッシュタグ「＃神宮球場夕焼けコレクション２０１５」でバンバン夕日を挙げていきましょう。どれもキレイな写真ばかりですが、あそこから見る夕日は格別ですよ！

右翼外野席もいいけれど、右翼の選手の動きがよく見えない。クッションボールとかが見づらいので、「野球を見る」という時は内野席が一番いいかもしれません。

スワローズファンは球団のイメージ通り、どこか優しい雰囲気が漂っているように感じます。神宮球場で会って嫌な思いをしたことはないですね。他チームは「○○会」のように、いくつかの派閥に分かれているけれど、スワローズで認められている応援団は「ツバメ軍団」だけ。変な争いは外野では存在しないんです。

時にはスタンドから「やめちまえ」「死んじまえ」という声も聞こえますが、それは一部であって。昨年10月7日ＤｅＮＡ戦（神宮）で飯原誉士《いいはらやすし》さんが落球したようなエラーがあると真面目にむかつきますが、これが阪神だったら大変なことになっていると思うんです。スワローズファンは親会社のイメージ通り、お腹にやさしい、地球に優しいみたいな部分がちょっとありますね。

少し寂しいのは、今はもう応援団長の故岡田正泰《おかだまさやす》さんを知っている応援団の人が２人しかいらっしゃらないこと。子供の頃、神宮へ通っていた時代は何も分かっていなかったので、岡田さんを見ると、

「変わったオジサンだなあ。なんで背中向けて野球を見ているんだろう」

なんて疑問に思っていましたが、今思えばそういう風景も楽しかったですね。

どんなに忙しい年でも、１年間平均10試合くらいは必ず生観戦に行きます。歌舞伎は１カ月のうち25日休みなく興行し、残りの５日で翌月の全体稽古というサイクル。興行がない月はお稽古がありますが、そうすると興行分の25日間がポコンと空く。その月に神宮で15試合あるとすれば、独身なら15試合ガッチリ見に行ける。固め打ちできるわけです。

神宮球場に最も通えた時期は２００７、２００８年あたり。もう、異常に見てるんです。つば九郎と知り合ったということもありますが、「俺、そんなにヒマだったのかなあ」と思うほど。40試合くらい見ましたね。

昨年見に行った11試合は２勝９敗。勝率悪かったですねえ。通い詰めた２００７年は37試合

観戦で25勝12敗、翌２００８年は15勝12敗。見た試合の勝敗は全部携帯にメモっています。

２００８年の開幕３連勝も生観戦していますが、浮かれなかったですよ。個人的にはゴールデンウイークが終わるまでは気持ちが盛り上がり過ぎないように自制しています。

それは、開幕時に選手全員が順調とは限らないから。仕上げてくる選手は仕上げて来ますが、投手の場合は三振を取りたい変化球がまだ引っかけられている時期だと思うんですよ。それが5月くらいに入ると、ウイニングショットに完成されてくる。

4月は「今年はこういう野球をするんだよ」という意思表示をする時期だと思うので、４月の段階で僕個人は冷静に野球を見るようにしています。

ほかにも、観戦時の「自分ルール」があります。役者なので、のどの調子は日頃から整えておかなければならず、あまり騒がないようにしています。でも、応援歌はちゃんと歌いますよ！

変装はしません。完全にツラバレしていますが、変装してもしょうがないんですよ。したところで、ユニホームの背中に「ＫＡＭＥＳＡＢＵＲＯ」って書いていますから意味がない！

あとは3回までは飲食をしない。打者一巡してからってことですね。その日の試合の流れをつかむまでは席を立ちたくない。その後のビールも1杯か2杯に抑えます。あんまり飲んでしまうと、トイレに立った時に野球が見られない。時間をやりくりして見に来ているので、神宮球場にいる時は野球を見ていたいんです。

４　最強のマスコット〝つば九郎〟

最も交流があるチームの方といえば、つば九郎。

昔は選手とも接点がありましたが、今はどちらかというとあえて距離をとっているかもしれないですね。サンケイスポーツ特別版のタブロイド紙「丸ごとＳｗａｌｌｏｗｓ」で取材させていただいても、野球が好きなので野球選手を目の前にするとめちゃめちゃ緊張するんです。取材する時も、お芝居で僕は取材をされる側ですし、こうしたら選手に失礼かなあと色々考えてしまうと言葉も出てこなくなるし、気軽に「芝居見に来てくださいね」とも言えない。

ただ、まるっきり接点を持たないのも難しい職業なので、現役を終えた選手とは仲良くさせていただいています。

その点、つば九郎は選手ではないですし、鳥なので。公私ともにお付き合いさせていただいています。

出会ったのは２０００年くらい。スワローズに古田さん、川崎憲次郎《かわさきけんじろう》さんらがいた時代です。西麻布《にしあざぶ》近辺をパトロールしていた頃、たまたま共通の知人がいて、たまたま出会って、たまたま意気投合して。その後は歌舞伎座にお芝居を見に来てくれたり、新しい歌舞伎座にも訪問してくれました。

つば九郎と出会ったことで、そこからもう1回野球が楽しくなったかもしれないですね。

選手ではないけれど、もう20年選手。最初はおとなしくしていたようですが、古田さんの監督時代、馬場《ばば》敏史《としふみ》さんが三塁コーチに立っていた時期ぐらいに「つば九郎改革」が始まったそうです。「つまんねえから、しゃべれ」って言われたとか。もし、現在のような筆談スタイルではなくしゃべっていたら、ふなっしーよりも先に「しゃべるゆるキャラ」になっていたのかもしれません。

それ以前から、つば九郎は球場にいましたけれど「いた」ぐらいでしたよね。今はつば九郎が持っている本来の良さが発揮されてきたと思います。

ブログもやっているし、その文章も面白い。つば九郎だけでなく、今は選手ブログもあるのでファンに情報が入って来やすくなりましたよね。昔はチームの情報を仕入れるにしてもテレビ、新聞と手段が限られていたし、球場へ行かなければ、ファンクラブへ入らなければ何も情報は入ってこなかった。

僕が子供だった頃は、プロ野球選手はみんなおじさんに見えたんです。若松勉《わかまつつとむ》さん、杉浦享さん、角富士夫《すみふじお》さん、水谷新太郎《みずたにしんたろう》さん、渋井敬一《しぶいけいいち》さん、八重樫幸雄《やえがしゆきお》さん……みんなおじさんだとばかり思っていましたが、今考えると、当時は今の僕より年下なんでしょうね。

今はネットとかでも情報がバンバンありますから、ファンにとってはプロ野球選手のことは「おじさん」よりも、結構「身近なお兄ちゃん」みたいな存在になってきているかもしれませんね。

つば九郎は「お兄ちゃん」ではありませんが、チームで今、一番面白いのはつば九郎。つば九郎とつばみが面白い。存在が面白いですよね。書いて良し、踊って良し、なんだったらコントも行ける。プロ野球界のエンターテイナーです。

他球団の選手と仲良く出来るマスコットってすごいじゃないですか。自分から選手のところに写真を撮りに行けるし、選手もつば九郎と絡んでいる。本を出版したり、イベントには引っ張りだこで野球界を盛り上げている。

野球を知っているので試合の邪魔をしない。マスコットが球界を盛り上げているというのはすごいことです。

第2章　素晴らしきスワローズ戦士たち

パトリック・ユウ

1　宮本慎也〜ホワイトボードのメッセージ

スワローズのスタジアムＤＪになって8年目。

今までいろんな方との交流がありました。

宮本慎也《みやもとしんや》さんとお話しできるようになったのは引退される前年、２０１２年くらいだったと思います。練習中にちょっと時間が空いたのか、それとも気遣ってくださったのか、僕のところに来てくれて、

「パトリック、お前、何年目や」

と聞かれました。

それまでは会話する、というよりは挨拶ぐらいだったんですね。

「もう6年ですかね」

「メシ行こうか、メシ。俺の電話番号言うから。お前、携帯持っとう？」

初めてご飯を食べに連れて行ってもらって。そこからいろいろとお話しするようになりました。つば九郎も僕も独身だったので、宮本さんが、

「お前ら、メシ食ってないやろ」

それで僕達1羽＆1人で呼んでいただいてご飯を御馳走になったり、昨夏の結婚パーティーの時もメッセージをいただいたり。いろいろと良くしていただきました。

ハッパをかけてくれたこともありました。演出の工夫について、

「もうちょっとあって、ええんちゃうか」

などアドバイスをいただきました。

あの時のことは、今でも本当にありがたく思っています。最近ではどこの世界でも叱ってくれる人は少なくなってきましたが、人にハッパをかけたり、叱ったりすることはとてもエネルギーが要ること。そういうエネルギーを使ってくれる人はとても大事だと思います。

印象に残る話としては２０１１年。中日と首位争いをしていた時、宮本さんが書いた「肺炎のおりさんからの手紙」です。肺炎がチーム内で大流行し、宮本さんまで感染してしまって。隔離治療される直前、遠征先の宿舎のホワイトボードに後輩達へメッセージを残したという、あの話です。

「こんな大事な時期にチームを離れて申し訳ありません。これからのゲームが大事なのは皆分かっていると思いますが、この優勝争いの中で目いっぱいやるのは当然だけど、その中でチームの、自分の一投一打、ワンプレーをしっかり記憶しながらやろう。そうすれば野球人としての血となり肉となり、チーム、そして自分を成長させると思う。1戦1戦積み重ねて、勝負の名古屋で爆発しよう。俺も何とか間に合わせます。ここまで来たんやから、優勝しよう。肺炎のおっさんより」

泣かせます。これは宮本さんにしか書けないメッセージだと思います。

このシーズンは遊撃から三塁へ転向して、守備率9割9分7厘で三塁手のリーグ守備記録を樹立しました。エラーは1年で1回だけ。その試合を見たお客さんが「あの宮本さんが！　見られないよ、宮本さんのエラーは！」。そんなふうに球場が逆に盛り上がったことを覚えています。エラーしたことが驚きになる。そういう選手でした。

神宮のグラウンド整備スタッフから聞いたことがあります。「神宮で一番デキる」スタッフが、宮本さんの守備位置を整備すると決まっていたそうです。小さな砂の固まりが残っているとダメ出しがある。打球を全部さばいて全部アウトにしなければならない、という高いプロ意識からくるリクエストですよね。そのスタッフは褒められたことはまずないそうで、１シーズンに一度あればいいくらい。

「今日はボチボチええな」

でも、それが最高の褒め言葉だったんだと思います。宮本さんのリクエストをクリアできたら、一流のグラウンド整備職人なわけですから。

そんな宮本さんでも、２００１年の優勝時は古田《ふるた》敦也《あつや》さんたちのように外野フェンスには登れなかった。「まだそういう存在ではない」と自分自身で感じていたからと。でも引退間際になって、やっと恥ずかしげなくやれるようになったとおっしゃっていましたよね。

ベテランになっても、春季キャンプで一番練習しているのは宮本さんでした。バント練習も、キャッチボールも毎日細かく細かくやっていました。

ご本人の著書『歩―私の生き方・考え方』（小学館）にも、まずはキャッチボールとありました。実際に練習を見ていると、宮本さんのキャッチボールはことごとく相手の胸元にピタッと来ます。キャッチボールでは体を大きく使って、レッドソックスの上原浩治《うえはらこうじ》投手のフォームをまねていたとか。以前、若手選手が「慎也さんのボールは愛情ボール」と表現していたそうです。スピンが効いた球は捕りやすく、仮にバウンドしてもイレギュラーしない。キャッチボールだけでもさまざまな工夫、根拠をもって練習していたんですよね。やはり、プロフェッショナルです。

守備についても、打球に対して飛び込むのは真横ではいただけないと。真横は脚が間に合わなかったから飛び込んでいるだけで、本当に飛び込まなきゃ捕れない場合はちょっと外野気味に45度くらいで飛び込んで行くもの――すごく納得させせられます。

若手選手にも目配りをしていて、２０１２年に雄平《ゆうへい》外野手が投手から野手転向しましたが、投手時代にこんなことを言っていたそうです。

「お前は野手転向したら1億円プレーヤーになれる」

本当にもう、1億円プレーヤーになりそうですよね。看破した宮本さんもすごい。さらに、転向する決意を固めて、宮本さんの言葉を現実にしようとしている雄平外野手もすごいなあと思います。

ラストゲームも感動的でした。延長12回まで行って、最後の打席はレフトオーバーの大飛球。ここは僕たちの後押しが足りなかったですかね。角度からしても「入った！」と思いました。あれが入っていたらもう、引退を撤回してほしかったです。ええ、もう引退撤回ですよ。撤回してもらわないと！　そんな気持ちで見ていました。

試合自体も感動的でしたが、引退セレモニーの言葉がすごく素敵でした。スワローズの監督全員にお礼を述べていましたよね。

「プロ野球で生きるすべを教えてもらった野村克也《のむらかつや》監督、レギュラーとしての自覚は若松勉《わかまつつとむ》監督、中心選手としての責任が古田監督、選手寿命を延ばしていただいた高田繁《たかだしげる》監督、僕をスカウトして身体の状態も見ながら色々と大切に考えてくれた小川淳司《おがわじゅんじ》監督」

１人１人にお礼の言葉を贈っているところが大変印象的でした。

あとは、引退会見でも話していたお話ですね。

「最近はみんな野球を楽しめと言っていますが、好きな野球が仕事になって一度も楽しめたことはなかった、毎日苦しかった。でも今日、引退が決まってからは代打で一打席だけなんだけれども、ファンの『頑張れ』という声が聞こえて、楽しんで野球ができた」

この言葉も重い言葉。プレーも言葉も、すべて印象深い選手でした。

2　青木宣親～米国カンザスシティーで再会

２０１１年、神宮でのクライマックスシリーズ（ＣＳ）。ちょうど、このちょっと前に青木《あおき》宣親《のりちか》選手に初めての子供さんが産まれたので、オープニングトークでどうお祝いするかについてつば九郎と相談しました。筆談で。

ＣＳ神宮初開催とあって、僕はワクワクすると同時に相当緊張していました。お客さんも緊張していると思ったので、オープニングトークをコント仕立てにして、ちょっと笑かしてから「スターティングラインナップの発表です！」でクッと締めるのがいいかなと思い、青木選手へのおめでとうコメントを絡めて話すことにしました。

いざ、コントです。僕とつば九郎の掛け合いが始まりました。

「つば九郎、青木選手にお子さんが産まれたねえ」

「おめでとうございます」

つば九郎はスケッチブックで筆談。いつものパターンです。

「僕達で青木選手の娘さんの名前を決めましょう」

「俺が名づける！ ……青木さやか」とつば九郎。

「いやいやいやいや、次いこう」

「青木功」

「それ、ゴルファーのおっちゃんや」

「紳士服の青木」

「ワケわかんない」

で、最後に出てきたのが、

「青木バレンティーナ」

これがオチ。このころ、ちょうどバレンティン選手にもお子さんが生まれていたこともあってバレンティーナが出てきたのです。球場の空気がちょっと緩んだところで、すかさずビシッと「両チームのスターティングラインナップの発表です」みたいなことをやりました。これが第１戦です。

第２戦もまたコントをやりました。つば九郎が「どうしても青木選手の娘さんの名前をつけたい」と。掛け合いをやっているうちに、グラウンドにいる青木選手の顔が目に入りました。だんだん表情が曇っていくんです。遠目でも分かりました。「おめーら……」と言いたげな感じであきれている。

ごもっともです！　最終的に「これからＣＳが始まるのに何をやっているんだ」みたいな表情を浮かべていて、それがとても印象的でした。でも、その日も最後はやっぱり「青木バレンティーナ」。昨日と同じじゃねえか！　というツッコミ待ちのオチです。

メリハリのあるオープニングトークにしよう、そういう気持ちでコントに協力してくれたつば九郎にとても感謝しています。

実は、青木選手と昨年お会いしているんです。僕の新婚旅行で米国カンザスシティーに行った時に球場へ行ったら、気さくに会ってくれました。試合後に家族エリアに呼んでくれて、久しぶりにお会いできて嬉しかったですね。お土産にはあえてベタな「東京バナナ」を持っていきました。

「嬉しい！　こういうのはこっちで売ってないんだよね！」

確かに米国ではなかなか売っていない。とても喜んでくれたので、ちょっと下心を出して「お返しに何かくれるかな、バッティンググローブとか欲しいな」なんて内心ワクワクしていたのですが、何ももらえなかったです。僕が事前に言わなかったのがいけないんです。青木選手、また会いに行きますので、その時はよろしくお願いします！

彼の人柄で素敵だと思うところは、青木選手ならではのゆったりとしたペースがあるところです。打席で集中している時はキリッとしていますし、真剣そのもの。200安打を打ってメジャーまで行った選手ですから、とてもゆったりしているようには見えない。でも、普段はせかせかしたところのない大らかな方だと思います。すべてにおいて完璧という選手も圧倒される魅力がありますが、青木選手は一流選手には珍しいくらい、ちょっと油断しているところも魅力。癒し系というか、周りをふんわりさせる力を持っていると思うんです。

2006年WBC優勝後に紫綬褒章《しじゅほうしょう》の受章が決まって、受賞のコメントを担当記者に求められた時がありました。急に聞かれたので言葉を用意していなかったんでしょうね。思わず、

「光栄であります！」

と言ってしまったと聞きました。失礼のないように配慮しすぎて軍人みたいになっていたという。そういうところも僕は好きです。首位打者を3度も獲っている選手なのに全然威張ったところがない。今も昔も変わらない。これは出来そうで、出来ないことかもしれません。独特の空気感を持った貴重な選手だと思います。

3　バレンティン〜驚愕《きょうがく》の打撃練習

ココ（バレンティンの愛称）とも偶然、球場以外でよく会います。以前、よく顔を合わせたところは、神宮球場の近くのハンバーガーショップ「アメリカンダイニングＥＡＴ」。球場から歩いて5分くらいのお店で、ココが毎回、チキンに辛いソースを入れたハンバーガーを食べていました。それをメディアが取り上げたことでファンの皆さんも行くようになって。昔はカウンターだけの小さい店が、めちゃめちゃ広い場所に引っ越しするくらい、大人気になったようです。あまりの人気ぶりに、逆にココは行きづらくなったようで、この店ではあまり会えなくなりました。本当に陽気な選手。ココに怒ってくれた宮本さん、相川亮二《あいかわりょうじ》選手がいなくなったから、最近はさらに自由になっている気がします。

もう「本塁打王といえばバレンティン」というくらい、本塁打王のタイトルも獲っていますよね。２０１３年には王貞治《おうさだはる》さんの本塁打記録55本を抜き、60本まで行きました。あの時は監督に付いている記者よりも、ココに付いている記者のほうが多かった。試合前に僕がフィールドで準備していると、ココが多くの記者さんたちを連れてグラウンドに入ってきていました。その様子を見るのが日課になっていましたね。

本人が神経質になっていたかといえば、そうでもなかったです。練習の時に「Hi, ココ～」「Homerun, today ?」「May be tonight ?」なんて声をかけると、「Yeah, I think so」みたいな感じで普通に答えてくれました。本塁打記録について重々しくプレッシャーになっている感じはありませんでした。

　王さんに並ぶ55号、そして新記録の56号を打った時。僕らの仕事としては事前に、打った時にどう進行するか、ウグイス嬢の方が「新記録達成です」と言う前後に何をするのか、花束、プラカードの贈呈のタイミングはどうするのかを打ち合わせます。その時、スタッフに念を押されたんです。「そういう決まりごとが優先だから、吠えるのはやめてね」って。結局、新記録達成時にはちょっと暴走してギリギリまでしゃべっちゃいました。ディレクターから巻きに巻かれて、後でちょっと怒られました。たまにはそういうこともあります！


　神宮球場か球団の方にぜひ実現をお願いしたいことがあります。選手の打撃練習公開です。ココの打撃練習はホント、お金を払ってでも見る価値があります。ファンクラブのツアーでもいいですし、５００円などの安いチケット制でもいいですし、とにかくお客さんに見せたほうがいいと思うんです。

　ココが練習で打つ頃はちょうどビジターチームがストレッチする時間ですが、みんな動きが止まります。プロが見つめるくらいの打撃練習なんです。安全面のこともあると思いますが、ココの打球は練習でもファウルグラウンドに飛んできません。ほぼ全部スタンドイン。出るとしたら場外で、昨年は練習で神宮の場外へ飛ばしてゴルフ場の防御ネットのところまで行きました。音も乾いたキレイな音が聞けますし、あの練習をファンの方々に見せてあげたいんです。

しかも、バックスクリーン横にある中継カメラを狙い撃ちしているんですよ。狙ってそこに打つ。そして届く。フジテレビの中継班はココが練習する時は避難しているくらい。恐ろしいヤツでしょう。

アマ野球がありますから開場自体を早くすることは難しいし、いろんな事情があるかと思います。でも「打撃練習見学ツアー」なら出来ませんかねえ。今シーズンはケガでほとんど神宮に姿を見せていないココではありますが、今後、ファンサービスとして実現を願っている部分です。

4　田中浩康～意地のサヨナラヒット

いつもお話ししている選手といえば、田中浩康《たなかひろやす》内野手。今季は外野手でもありますが、浩康さんには仲良くしてもらっています。登場曲をかける時でも「どのへんから曲を出そうか」「じゃあ、1分30秒あたりがいいんじゃないですか」など具体的な相談をしています。

彼が怒っているところは見たことがない。ナイスガイです。ここ数年は苦労していますが、頑張ってほしいです。今季は4月8日中日戦（神宮）でサヨナラ打を打ちましたよね。延長10回、2死満塁で左前へガツンと。もう、僕も感動してしまいました。「ブリッジ」（右翼側の内野と外野の間にあるスペース）でガッツポーズですよ。球場全体も大盛り上がりで、浩康さんもすごくイイ笑顔でした。ルーキー時代から1軍で活躍して、年月を経て苦労をして、今季は外野にも挑戦すると腹をくくって。僕もそういう姿を全部見てきています。選手の誰かをひいきにしてはいけない立場ですが、心の中でエールを送っている選手の１人です。

5　雄平〜驚異の身体能力

雄平外野手には1億円プレーヤーになってほしい。なんといっても、宮本さんが「野手に転向したら1億円プレーヤーになれる」と予言していますから。

宮城県の東北高時代から打撃はすごくて、「高校生の中に1人、社会人の打者がいる」と評判だったそうです。ドラフト前には他球団からは野手で指名したいという話が来て、スワローズだけが投手としてＯＫを出してくれたと聞きました。左で151キロも出してましたからね。

若松監督が昔、「高井（雄平）はきっと、正座ができないはずだ」と言ったそうなんです。というのも、若松監督ご自身が現役時代、太腿が太すぎて正座ができなかったので「現役時代の俺より太腿が太いから、絶対正座できない。高井はすごい身体だなあ」という意味で。若松監督のご活躍は皆さんご存知の通り。雄平外野手も今以上活躍できる可能性が太腿に詰まっていると思います。

課題の守備について自らお話ししているところも、すごく期待をしている部分です。３月の侍ＪＡＰＡＮの試合を見に行ったら、右中間寄りの打球をややゆっくり捕りに行って走者を二塁に進ませてしまったプレーがありました。翌日のスポーツ紙に本人のコメントで「投手を経験していたから、１球１球が勝負の投手にとって守備のミスはこたえるのが自分自身分かっている。だから、打てないよりも守れないのが悔しい」という内容が書いてありました。

人柄としては天然ですよね。以前、出陣式のトークショーを行った時に、すごくキメて来ていたことがありました。村中恭兵《むらなかきょうへい》投手、川端慎吾《かわばたしんご》選手はＴシャツにジャケット、ジーンズのような服装だったのですが、彼はすごいキメていた。きちっとした服装が逆に目立ってしまい、みんなにイジられていました。

投手時代の契約更改では、査定担当の方から東北高校の後輩・ダルビッシュ投手の変化球教本を渡されたことがありましたよね。当時は投手として制球難に苦しんでいた時代で、その本は「後輩を手本にしなさい」という辛口の激励だったみたいです。更改後の記者会見では、うっかりその本をテーブルに置いてしまい、担当記者の人から「その本はどうしたんですか？」と普通に質問されたそうです。もしかしたら、聞いてほしいから置いたのかなって思われますよね。質問された後、正直に話すところがまた雄平選手らしいところ。

今季は打撃で素晴らしい伝説を作ってほしい。楽しみにしています。

6　伊藤智仁〜投球美人の意外な素顔

僕が推したい歴代スワローズ・ナンバーワン投手は伊藤智仁《いとうともひと》投手コーチ、トモさんです。アマチュア時代に92年バルセロナ五輪出場。プロアマ混合チームで球を受けていた古田さんがすごさを知っていたため球団へ推薦し、その年のドラフト1位指名につながったと聞いたことがあります。

現役時代はテレビで見ていました。93年のドラフト1位で、ルーキーイヤーの大活躍は鮮烈でした。あのスライダーもそうですし、ダイナミックなイメージのある選手です。93年6月9日の巨人戦（石川県）でグラブを思いっきりバーンと叩きつけた姿もインパクトがありました。8回まで無失点、さらにセ・リーグタイ記録となる16奪三振を挙げるも援護がなく、9回裏に篠塚和典《しのづかかずのり》さんにサヨナラ本塁打を打たれて。あの熱さにも魅かれていましたね。

でも、翌94年にはもういなくなっていた。以前、新聞で「人一倍関節が柔らかいため、投球動作で肩が抜けた」という記事を読んだことがあります。何年もリハビリを重ねて球団から引退勧告を受けても、年俸を史上最大の下げ幅にしてでも復活を目指した。大変な苦労をした方なのに、普段はひょうひょうとした雰囲気を醸し出しています。

すごくクールな感じに見えるけれど、実はめちゃめちゃ熱い。現役時代、三振を取った時のガッツポーズがカッコ良かったですねえ。かと思えば、ちょっとひねくれたジョークも結構言うんですよ。人間として、とても魅力的な人だと思っています。

もしかしたら、トモさんはスワローズの仕事を始めたばかりの僕に一番声をかけてくれた人かもしれません。始めたばかりの頃はチーム関係者ともまだなじんでいませんでしたし、緊張の連続でした。

試合前は神宮球場の外周でファンから応援メッセージを取材するのが日課。マイクを持ってあちこち歩き回っていると、チームはちょうど室内練習場からクラブハウスに向かう時間帯です。

そんな時、いつも話しかけてくれました。

「Hey. What's up？」

「トモさん、英語上手いですね」

「おれ、米国おったからなあ」

一瞬「ん？」と思った瞬間に、トモさんが言いました。

「リハビリで、長いこと」

どうリアクションしていいのか迷っていると、ニヤリと笑っている。まさかの自虐的ジョーク。短い会話の中にもちゃんとオチを作っているところがまた、ハイレベルです。

またある時は、記者の人から巨人戦でグラブを叩きつけた話を振られて、

「あれなあ、後悔しとるんや」

選手は道具を大切にしなければならない、ということかなと思っていたら、

「俺、あれで肩を壊したからな」

ジョークなのか、本気なのか。僕も、記者の人も「……すみませんでした」みたいな返ししか出来ませんでした。なかなか受け身が難しいジョークを振ってきては、ニヤリと笑う。僕はトモさんのそういうところが一番好きです。


そのうち、いろんなお話をするようになりました。

「ちなみに、米国のどのへんにいたんですか」

「クリーブランド。俺、アメフトが好きでリハビリしながら見たねえ。クリーブランド・ブラウンズが好きだったよ。ちょうどあのへんで手術を受けたから」

野球以外のスポーツにも精通していて、多芸多才な方なんですよね。ビリヤードもプロ級の腕前だと聞きました。最初はそんなにうまいなんて知らなくて「オフになったら一緒にやりたいですね」なんて言っていたら、後から人づてにめちゃめちゃうまいと聞いて腰が引けました。関東の大会に出場したこともあるらしいです。

マラソンもするんです。毎年1月の「サンスポマラソン」に一緒に出場したりしています。

でも、今回はトモさんが出場できなかったんですよ。一緒に出るつもりでいたら、昨秋キャンプ（愛媛県松山市）で右肩を脱臼したからと。打撃投手をやるためにウォーミングアップしていた時にやってしまったそうです。現役時代も復活を目指している時期に、イースタン・リーグで試合の投球中に亜脱臼したことがありました。限界を超えて挑戦されていたことを今更ながら思い知らされました。

　そのマラソンには例年、志田《しだ》宗大《むねひろ》スコアラー、鮫島《さめじま》秀旗《ひでき》ブルペン捕手も一緒に出場しています。鮫島さんはハーフマラソンのタイムで1時間30分を切る。皆さん、現役を引退されてもやっぱりすごいです。

　トモさんは「仕掛け人」なんですよ。

　選手の登場曲を決めていたこともあります。2010年にいた鳩胸の外国人投手、最速164キロ右腕・デラクルス。大活躍はしませんでしたが、春季キャンプの打撃練習を見た当時の高田監督が頭を抱えたという伝説が残っています。それまでほとんど打撃練習をした経験がなく、浦添《うらそえ》の室内練習場でマシンを相手に何度も空振りしたという。でも、ニコッとした笑顔に愛嬌がありました。

　彼が1軍初登板する時、トモさんがやったんです。スタッフに仕込んだ登場曲は鳥羽《とば》一郎《いちろう》さんの「兄弟船」。あのイントロに乗ってウグイス嬢が、

「ピッチャー、○○に代わりましてデラクルス」

　ですよ。そりゃあ球場も盛り上がりました。本人には「ジャパニーズ・フォークソング」と説明したとのこと。曲が流れた瞬間、トモさんはブルペンで手を叩いて思いっきり笑っているんです。翌日、聞いてみました。

「あれ、トモさんでしょ。曲を選んだのは」

「分かった？　あれ、最高似合っとったやん」


　昨年もやっているんです。徳山武陽《とくやまたけあき》投手がプロ初勝利を挙げた試合。９月３日の中日戦（神宮）でした。プロ初勝利の投手にウイニングボールを手渡すのは恒例です。そこで、トモさんが渡したボールが不自然でした。見れば、そんなに汚れるわけないだろうっていうくらい赤い土がついている。プロ野球の試合では球が汚れたり、傷がついたりしたらニューボールに交換しますよね。トモさんはブルペンの練習用の球にブルペンの土をつけて渡していたんです。

　プロで何年かプレーしていれば、すぐに「いやいや、これじゃないですよ」ってツッコめたと思うのですが、若手の徳山投手はまんまとダマされてしまって。あとで本物をちゃんと渡したそうです。また、翌日聞きに行きました。

「あれもトモさんですか？」

「分かった？」

ひょうひょうとしながら、目だけで笑いかけてきました。もう、トモさん！　常に何かを仕掛けているんですよね。イタズラだけでもこうですから、本職の指導となればホントにこまめだと思います。投手陣が練習するコブシ球場でも、選手と話し込んでいる姿をよく見ます。

クラブハウスにはトモさんが置いていく本があって、通称「伊藤文庫」と呼ばれているそうです。ベストセラー、知る人ぞ知る小説も置いてあって、後輩たちに「いろんな本を読みなさい」って言っているとか。悪ふざけもするけれど、シリアスな部分は深い。いろんな表情を持っている方ですね。非常に興味深い人です。

第2部　だから俺はヤクルトが好きなんだ！

——歌舞伎役者・坂東亀三郎の咆哮《ほうこう》

第１章　あまのじゃく

１「なんでお前ヤクルトなんか好きなんだ？」

多数決をすると、いつも少ない方に入ってしまう。そんなあなたはきっと、スワローズファンですね？

あまのじゃく。僕は昔からそうでした。子供の時から今もなお。狙った上でのあまのじゃくではなく、純粋な気持ちで選んだ結果、いつもそうなっています。

僕が子供の頃、テレビの地上波中継では巨人戦しか流れていませんでした。試合がない日は月曜日くらい。父方、母方の祖父の家へ行くといつもテレビでナイター。当時パ・リーグはよく分かっていなかったし、野球の原体験はそれです。父もおじも先輩方も野球が好きで、いつも周りに野球がありました。

ルールもちゃんと分かってないくらいの年齢からテレビで試合中継を見せられる。そんな時代でした。だから、僕の世代の人達は、みんな1度は巨人を好きになっているはずなんです。巨人についてしか解説してもらっていないですから。

僕にとってのヒーローは最初は中畑清《なかはたきよし》さん、原辰徳《はらたつのり》さんのような巨人の選手でしたが、ある時点から若松勉《わかまつつとむ》さん、杉浦亨《すぎうらとおる》さんに変わっていました。当時はウルトラマン、仮面ライダーに憧れた時代もあったはずが、いつの間にか完全に僕のヒーローはスワローズ。

子供の頃はよく言われました。

「なんでお前ヤクルトなんか好きなんだ？」

それもまた、あまのじゃくな要素を刺激したんでしょうね。

「だから俺はヤクルトが好きなんだ！」

より一層気持ちを強くしたところもありました。

スワローズファンであることは恥ずかしいことではありません。声を大にして言いましょう。

僕はスワローズファンです！　と。

２　ランドセルで神宮通い

ここまでくると、初期衝動というか初期症状は逆に覚えていないんです。気がついたらスワローズファンでした。小学校に入ったばかりの頃にはもう神宮へ行っていたような気がします。最初の鮮明な記憶といえば小学校３年くらい、もう30年も前の話です。

松岡弘《まつおかひろむ》さんが引退された翌年、１９８６年のオープン戦で引退セレモニーが行われました。松岡さんが中畑さんから三振を奪った、あの試合です。ネット裏の解説席にいらした大杉勝男《おおすぎかつお》さんからサインをいただきました。この時はもう「ＹＳ」の帽子をかぶり、メガホンを持って神宮球場に座っていました。子供なりのフル装備。ですから、この前年くらいには既にスワローズファンだったと思います。

当時の自宅は高輪《たかなわ》。父方の祖父（人間国宝の17世　市村羽左衛門《いちむらうざえもん》）が青山《あおやま》の梅窓院《ばいそういん》の裏に住んでいました。熱狂的な巨人ファンで、たまに僕らが遊びに行った時に巨人が負けると、

「お前らが来たから負けた」

みたいな人でした。当時は理不尽だなあと思いましたが、今思うと、野球ってそういうものだったりするんですよね。父（８代　坂東彦三郎《ばんどうひこさぶろう》）は王貞治《おうさだはる》さんが大好きですし。

子供の頃は周囲がみんな巨人ファンでした。野球漫画なら、父世代は「巨人の星」「侍ジャ

イアンツ」。僕が子供の頃は「リトル巨人くん」「ミラクルジャイアンツ童夢《どうむ》くん」。野球といえば巨人だったのでしょう。

　当時は野球を身近に感じるおもちゃもありましたよね。サイコロの野球カードゲーム「プロ野球ゲーム」。トランプみたいなカードがあって、サイコロを２つ転がすと出た目でプレーの内容が決まって安打、本塁打なんて遊べるヤツ。あとファミスタや、80年代に「ファミコン野球盤」とか。いろいろありました。


　先輩の役者さんたちもみなさん、巨人ファンの世代。今なら東京育ちの広島ファンもたくさんいますが、当時は出身別の部分もあって、生まれ育ちが東京の人は巨人、広島の人は広島ファンという線引きがありました。

　僕のヒーローがスワローズに完全に切り替わった分岐点は、おそらく巨人に勝った試合。テレビか何かで見た1試合で巨人が負けたんでしょうね。その時にスワローズって強い！　と。たまたまでしょうけれど、

「みんながあんなに強いと言っている巨人が負けたのだから、スワローズは強いんだ！」

　そんな錯覚から一気にスワローズファンになったんだと思います。

　学校の友達が巨人の帽子をかぶっていても、僕は頑なにスワローズの帽子。巨人の次に多かったのは清原和博《きよはらかずひろ》さん、秋山幸二《あきやまこうじ》さんたちで黄金時代を築いていた西武。スワローズの帽子を

かぶっている子はいなかった。多い順に巨人、西武ときて、次は広島でしたから。広島は山本《やまもと》浩二《こうじ》さん、衣笠祥雄《きぬがささちお》さん、達川光男《たつかわみつお》さん、北別府学《きたべっぷまなぶ》さんたちがいて強かった時代。一方でスワローズは４位になっただけでも、

「Ｂクラスの１位だ！」

それで喜んでいたくらい。勝ち負けとかそういう時代じゃなかったんです。

小学生の時は２歳下の弟（初代　坂東亀寿《ばんどうかめとし》）と手をつないで、２人だけで電車に乗って神宮球場へ行ったこともありました。幼稚園から電車に乗って学校へ通う習慣があったので、苦痛でもないし、可能だったんです。通学でもランドセルを背負ってからは親は付いてこず、場合によっては学校を早退して１人で電車に乗って芝居に行ったり、そのままお稽古場に行くこともあったり。今と違って子供だけで行動してもそんなに危なくなかったんですね。

母におにぎりを握ってもらって、背負ったリュックにビニール傘を差して。当時、ファンクラブに入ると帽子などのグッズがもらえたと思うんですよ。それを全部持って、選手名鑑も持って。

「８時には帰ってらっしゃいよ」

そう言われていたので、試合途中まで見てから２人で手をつないで帰る。たまに青山に住んでいた祖父の家に預けられたこともありましたが、２人で自宅へ帰ったこともありました。

たぶん２人で見に行ったのはたった何試合かだと思うのですが、よく覚えています。子供２人で外野に座りながら、前の席のイスをテーブルにしておにぎりを食べましたね。

当時のビニール傘はまだ、普通の大きなビニール傘。今のような持ちやすいミニサイズじゃなかったので、通りすがりの人にたまに聞かれました。

「晴れているのになんで傘を持っているの？」

傘踊りも当時からありましたが、メガホンはまだかなりぶっといメガホン。「メガホン！」という感じの大きさでした。

本当に野球が好きだったんだと思います。川崎球場、西武球場にも連れて行ってもらったのですが、なぜか神宮球場だったんですよね。位置的にもいい場所にあって、通ううちに勉強というか研究をし始めて。ファンブックみたいな選手名鑑を見て、この選手がこうであぁで、と覚えていきました。


弟とは今でも神宮で会いますよ。さすがにバラバラで見に行っていますが、普通に神宮球場で顔を合わせて、

「おお、兄ちゃん」

「おお、弟」

今では僕ほど熱心ではないかもしれませんが、やはりスワローズには詳しいですね。

3　歌舞伎と野球～大人と子供の世界の狭間の中で

祖父たちは三原脩《みはらおさむ》さんとか、あの時代の方々のプロ野球選手に野球を教えてもらったみたいです。僕らの曾祖父（6世　坂東彦三郎）世代のトップの役者さんが、

「習うなら何事もプロのトップの人に習いなさい」

という方針の方だったので、野球もそういうふうにやらせていたようです。今の明治座さんがノンプロで結構頑張っていた時代があるので、みなさんで野球チームを持っていたそうです。祖父は結構良い打者だったそうですし、父も左打ちの一塁手でした。

自分自身で野球を始めたのは小学校の野球クラブ。学校が私立のため地元に友達がおらず、帰宅後の練習相手はもっぱら弟でした。キャッチボールをしたり、1人が投げて1人が打つ練習をずっと交代しながら。テレビゲームをなかなか買ってもらえなかったということもあり、2人してマンションの駐車場などでずっと野球ごっこをしていました。

今も役者さんの野球チームがあるんです。僕が入っている、お弟子さんたちのチームは「ダーティーソックス」というチーム。ほかにも演奏家さん、床山《とこやま》さん、衣装さんたちで合計5～6チームあります。

でも、みなさん普段野球をしているチームがバラバラなので、みんな違うユニホームで集ま

って役者さんのチームに分けて試合をします。ただしケガをしないように盗塁、スライディング、ダイビングなし。だから、野球ごっこですけどね。

「ダーティーソックス」では中堅を守っています。小学校で野球クラブに入っていた時は捕手でしたが、役者になってからはなぜか中堅。たまに捕手もやったり、一塁、投手もやったりしています。

肩はたぶん強いと思います。丸めた手ぬぐいなら、歌舞伎座の３階に届きます。捕手なら二塁送球もノーバウンドで届きます。軟式ですけど。

小学生の時は芝居のお稽古《けいこ》もちゃんとしていましたが、稽古漬けでギチギチに「役者になれ」という感じではなく、「稽古は稽古、遊びは遊び」とメリハリをつけた生活でした。ならなきゃいけないというプレッシャーは感じていましたけれど、ものにならなかった時に社会に出られる勉強は親にさせてもらったと思っています。

ただ、育った環境が役者の世界なので、他の家のお父さんも白塗りしていると思い込んでいました。学校の友達に「ピアノのお稽古をしているんだ」と言われても、「ピアノは歌舞伎に役立たないのに、なんでこの人は無駄なことをしているんだろう」と首をかしげていたくらいです。

役者にならない選択肢は頭の中になかったんでしょうね。もちろん、学生時代は嫌な時もありましたよ。お芝居をすることによって、いじめというか差別、区別はされていました。お稽古、お芝居で早退、遅刻、お休みがありますし、学校へ行った時、耳にちょっとおしろいが残っていたこともありましたから。

それこそ勉強は確実に遅れているので、放課後は先生に補習をしていただいたことも。でも、他の生徒さんに補習はないし、僕だけが特別授業が受けられる形になって。いじめという言葉は使いたくないですが、それによっていじめられていました。今思うと、そういう授業の形を取らざるを得なかったんですけどね。

でも、そういう状態だったので幼稚園からエスカレーターで大学まで行ける学校を中学の段階で出たというか出されたというか。出席日数も学力も足りないし、学生生活に適応していませんでしたから。

大人の世界にいるから、頭の中が大人になるんですよね。

周囲が子供に見えるけれど、年齢は自分も子供だから、大人、子供のどちらにも寄れない状態で不安定な時期でした。そうなると、役者になりたくないという思いがちらっと頭に浮かぶこともありましたが、もう学力が役者になるしかないんですよ。

他の世界を知らないので、役者以外の道を選ぶ気持ちにはならなかったですね。なってから後悔はしました。理想と現実は全然違いますし、15年くらい理想と現実の狭間でもがきました。

そういう中で、野球は僕にとって大きな存在でした。

大人の世界、友達の世界の間にポツンと置かれた時に、流行は両方の世代に合わない。でも、野球は共通の話題としてみんなと話が合う。うちの親も野球場に行くことに反対しなかったことも幸いでした。

不安定だった中学生の頃、スワローズはまだ弱かったです。それでも、もちろん見に行っていました。関根潤三《せきねじゅんぞう》さんが監督をされていましたが、当時の僕にとっては華々しく就任したというよりも「気付いたら、いた」という感じで、今と変わらない感じで既に「おじいちゃん」という印象でした。考えたらすごい人ですよね。球界でただ1人の50勝1000本安打。高校生ぐらいでやっとそういうすごさを考えるようになりましたが、中学生時代はまだスポーツ新聞を読む習慣もありませんし、何も情報を持っていなかったので、感じるままに試合を見ていました。

選手は池山隆寛《いけやまたかひろ》さん、広澤克己《ひろさわかつみ》（現・克実）さん、長嶋一茂《ながしまかずしげ》さんら。一茂さんのプロ初本塁打は生で見ました。1988年4月27日巨人戦（神宮）で投手はガリクソン。プロ初安打がプロ初本塁打の試合です。何も知らずに球場へ行くと、すごくお客さんがいるんです。人の間を縫って進むような混雑で、観客席の後ろまで立ち見が出ている。なんでこんなに人がいるんだろうと思っていました。

なおかつ、丸腰の中学生だった僕は長嶋茂雄《ながしましげお》さんのすごさすら知らなかった。今の年齢になれば「おお、すごい人だったのか」「だから親父たちがあれだけ熱狂したのか」と分かるけれど、当時は「ヒゲが濃くて、ものまねされている人でしょ」とか、そういうイメージしかなかったんです。その息子さんが一茂さんと言われても、「俺の親父も役者だよ」という感覚で。長嶋茂雄さん、一茂さんのすごさも分からずに見ていました。知らないということは恐ろしいですね。

今思うと、あの頃のフィーバーは面白かったなあ。荒削りな若手選手がたくさんいました。

4　90年代黄金期　強いスワローズに違和感

92年のリーグ優勝、93年の日本一。ビールかけのシーンはまだ目に残っています。池山さん、広澤さんがビールまみれでプールにジャンプする姿。あれはみんな、すごく楽しそうでした。

僕は当時高校生くらい。応援していたスワローズが優勝したこと自体は嬉しかったですが、違和感がありました。今まで見ていたスワローズとの違い、そして「強さ」の質への違和感です。

その頃はもう自分で野球をやっていなかったので、「好きで見ている」という感じでしたが、「ＩＤ野球」という意味がよく理解できなかった。それまで見てきたスワローズは「投げたら打つ」、ほかにあったとしても「走る」。そうだとばかり思っていたんです。

分かりやすい「強さ」では、85年阪神優勝の方が強烈でした。その直前までは阪神もスワローズと同じような状況だったはずなのにバース、掛布雅之《かけふまさゆき》さん、岡田彰布《おかだあきのぶ》さんのバックスクリーン3連発を筆頭に、打ちまくる阪神打線がものすごかった。「ああ、強くなるってこういうことなのかな」と。圧倒的な強さを感じました。
92、93年のスワローズは85年の阪神とは違う質の強さだったので、当時は勝っても「……なんか勝ったね」という感想になってしまって。そこからトントンと常勝軍団になったのも、また違和感を覚えました。「常勝軍団」という言葉は嬉しい響きですし、そうあってほしいけれど、その時代は「ん？」という気持ちがぬぐいきれなかったですね。
野村克也《のむらかつや》さんとは6月29日で誕生日が同じなので、監督に就任したこと自体は嬉しかったです。とはいえ、当時はOB以外の方が監督になることは異例だった時代。生え抜きの引退された選手が解説者、コーチを経て監督就任という流れがあった中で、外部招へいが珍しかった。それもなぜパ・リーグの野村さんなのかと思いました。今ではよくあることですが、当時は不思議でした。やがて「勝つための手段なんだ」と理解しましたけれど。

おそらく「弱いスワローズ」に慣れていたんでしょうね。

だから一昨年、昨年と2年連続最下位でしたが、逆にそれは違和感がない。

最下位はむかつきますよ、むかつきますし、他のスワローズファンがどう思っているかは分からないけれど、僕はそれでもいいんですよ。球場へ行って、野球を見て、皆でワイワイするのが楽しいから。別にスコアをつけるわけでもないし、解説者なわけでもない。それで食っているわけでもないので。弱くてもいいんです。……最下位はむかつきますけどね！

第２章　スワローズ中毒という悦楽

１　最強の二遊間　城石＆宮本コンビ

僕の中では「城石─宮本の二遊間」が最強です。

２００９年に城石憲之《しろいしのりゆき》さんが引退されて見ることができなくなってしまいました。

僕は基本的に攻撃的野球よりも守備的野球の方が好きなんです。いっぱい傘は振りたいですが、投手陣が打たれる試合は長くなる。10－９もいいけれど、３－１くらいで勝つ試合が一番いい。１点を取る野球が好きですね。

そうなると注目するところは守備になります。０点に抑えれば負けないですから。

３月の侍ＪＡＰＡＮの試合は「日本は守備がうまいなあ」と思いながら見ていました。海外の選手は肩が強いけれど、グラブさばきはヘタなんですよね。

結果的にその試合は日本が負けたのですが、守備がきちんとしている野球はすごく面白い。

さすがちゃんと小中学生から基礎の野球を学んでいる人たちです。守備隊形がコロコロ変わるところも興味を持って見ています。

日頃から守備重視の観戦スタイルなので「城石―宮本の二遊間」は最高でした。鉄壁の守備、そして息の合ったグラブトス。2人ともスマートなんですよ。

ダブルプレーもきれいでした。なんなくダブルプレーを取るんですよね。そして、センター前に抜けるような打球には城石さんも宮本慎也《みやもとしんや》さんも飛びつく。二遊間のうち、誰か1人だけが飛びつくのではなく、2人ともいける。それくらい守備範囲が広かった。お2人の二遊間を見ているのは楽しかったですね。

これまた、城石さんのグローブがすごく小さいんです。宮本さんから譲られたものだったというのは後から聞きました。本当に守備がうまくて、絵になる2人でした。

また、城石さんと同じ日に引退セレモニーを行った花田《はなだ》真人《まさと》さんの引退スピーチも素敵でした。

「10年もプレーできたのは監督、コーチの皆様、トレーナー、裏方さん、チームメート、スワローズファン、家族、高校、大学野球の監督、コーチ、野球を始めるきっかけを与えてくれた父、いつも心配してくれた母、誰よりも応援してくれた兄と姉、結果が出なくてもいつも笑顔で迎えてくれた妻と２人の子供たちのおかげです」

涙で言葉に詰まっていたところもグッときましたし、皆にお礼の気持ちを伝えていたところがとても印象に残っています。

2　超個性派の名プレイヤーたち

個人的なところでは、昨年開幕戦（３月28日　神宮）の始球式は感動しました。市川海老蔵《いちかわえびぞう》さんが出席されて、僕はそれに関係させていただいて「グラウンドで開幕戦を迎える」ことができました。さらに、さだまさしさんの国歌がとてつもなく素晴らしかった。球場がシーンと静まり返り、全員でさださんの国歌を聞く。おごそかで、神聖な空間でした。

その後、３人で貴賓室で試合を見せていただいた時は、西浦直亨《にしうらなおみち》さんの本塁打で本当に盛り上がりました。僕はゴールデンウイークまで盛り上がらないはずなんですが、あの時だけは「優勝しちゃうかも」と思っちゃいましたねえ。終わってみれば完全に最下位でした！

でも、前年に最多勝を獲得した小川泰弘《おがわやすひろ》さんが開幕投手をなさって、２年目のジンクスと言われる中でもちゃんと抑えた。その開幕戦で始球式に関係させていただいたのは嬉しかったです。

バレンティンの55号、56号は衝撃的でした。それまでローズ、カブレラが55号で止まっていた記録で56号。やってしまったという感じ。優勝争いをしていなかったこともあって、相手チームから敬遠されず、試合数がかなり残っていたことも要因だったように思います。スワローズの外国人選手で一番心に残っている選手はホージー。ヘルメットにプリクラを貼っていましたよね。子供の頃は選手に声をかけていいのは外野席からだけと思っていたのですが、

「内野席から選手に声をかけてもいいんだ！」

そう思わせてくれたのはホージーです。フェンス越しにプリクラを渡して、それをヘルメットに貼ってくれたのは目からウロコでした。当時は今みたいにフェンス越しの握手もできなかったですから。

子供心に、

「内野席からでも選手に声をかけていいんだ！」

感動しながらも、一方で別のことも思っていました。

「お前、練習しろよ！」

やっぱり僕はあまのじゃくですね。ホージーは野村さんにこきおろされたのに本塁打王を獲りましたし、グリップエンドで打った内野安打も衝撃的でした。

スワローズ中毒の外国人選手症状としては、街で「テナント」という張り紙を見て、一瞬「(ジェイミー・)デントナ」と見間違えていました。二度見して「テナント」と確認する。きっとみなさんにもあるはずです。空耳、空目的な中毒症状が。

ラミレスのお店には昨年ご飯を食べに行きましたねえ。左翼に打球が上がると、心の目を閉じていました。それでもいいんです。スワローズは伝統的に外野の守備があまり上手とは言えないと思っていますから。広澤さんに始まり、畠山和洋《はたけやまかずひろ》さん、飯原誉士《いいはらやすし》さん。外野へ打球が飛んだら「フェンスにくっついていてくれ」と念じています。

でも、そこがまた面白い。スワローズには守備は「うーん」だけど、打撃がいいから目をつぶろうという、一芸一能に秀でた選手を見守る面があるような気がします。パ・リーグ的なところがあるんですかね。

パ・リーグの野球は面白い。例えば、ソフトバンクの柳田悠岐《やなぎたゆうき》さん。超フルスイングで「当たればすげえ飛ぶんだろうな」と感じさせる力を持っている選手ですが、ちょっと守備に穴がある。走攻守の平均点が高い選手がそろう巨人では、こういう選手は使わないと思うんです。

スワローズは「それでもいい！」という考えがあるような気がします。何か1つずば抜けた長所を持つ選手がいるからこそ、試合にも新たな面白さが出てきますし、ファンも選手への深い愛着がわいてくる。

例えば、福地《ふくち》寿樹《かずき》さん。２００８、２００９年に盗塁王を獲得されましたよね。日本で盗塁王を獲ってやる！　と張り切っていたミレッジが、福地さんの走塁を見て「……無理！」と即諦めたという伝説もあります。福地さんが塁に出たら、もう盗塁は成功した気持ちで見ていました。

「福地さんは一芸一能ではなく、守備もうまいじゃないか」という意見もあるかと思います。確かに、守備ではよくダイビングキャッチをしていた記憶があります。

足が速いからダイビングキャッチで届いたと思っている方も多いかもしれませんが、僕は守備が「うーん…」だからではないかとにらんでいました。１歩目が遅いからダイビングしていると。でも、そこらへんは目をつぶれる球団だと思うので。選手の獲得の仕方もうまいなあと思います。

忘れがたい選手はたくさんいますね。一芸に秀でている選手が多く、個性的でした。遊撃手だった水谷《みずたに》新太郎《しんたろう》さん。遊撃手で守備率・９９１！　守備がうまくて、小技もきくといえば巨人は河埜《こうの》和正《かずまさ》さん、ヤクルトは水谷さんという時代がありました。

内野の要だった渋井《しぶい》敬一《けいいち》さんは打率が２割を切っていたシーズンが何回もあるんですよね。守備がうまくて、まさに渋い選手で。同じ時代だと現在、戸田寮で寮長をされている梶間《かじま》健一《けんいち》さんも好きでした。梶間さんから左のエースナンバーが背番号19になった。左投手で投げ方が独特でしたねえ。

あとは88年イースタン・リーグで打撃のタイトルを獲った君波隆祥《きみなみたかよし》さん。捕手でしたが、秦《はた》真司《しんじ》さんがいたから1軍に定着しなかったけれど、もっと見たかった選手の1人です。

難読苗字の亥岡正充《げんおかまさみち》さんもいたなあ。投手は大川章《おおかわあきら》さんとか、中本茂樹《なかもとしげき》さん、中川明仁《なかがわあきひと》さん、宮本賢治《みやもとけんじ》さんとか。スワローズのその時代が好きかもしれないですね。小柄でいい選手の城友《じょうと》博《もひろ》さん、荒井幸雄《あらいゆきお》さん。懐かしいなあ。個性的な選手がたくさんいました。

今のチームで個性的といえば、小川さんの投球フォーム。でんでん太鼓投法の秋吉亮《あきよしりょう》さんもそうですよね。

秋吉さんは両腕を広げている姿をTシャツにすればいいのになあとずっと思っています。本当のでんでん太鼓を描いて、背番号入れて「秋吉Tシャツ」として。よく見ると、どこにも「秋吉」って文字が入っていない、みたいな感じで。ツッコミ待ちのTシャツですね。

畠山さんの打ち方もいいですよねえ。「いつ左足にデッドボールが当たるのかな」と思って見守っています。

それでも今、プロ野球界に個性的な選手がすごく少ないと思います。どこの世界でもそうなんでしょうけれど「華だけで持って行く」という選手が少ない。インターネットが出来て叩かれやすくなったことで、みんな縮こまっているのかな。

僕らの世界でもそうですが、破天荒《はてんこう》な選手がいない。サッカーでいったら、昔の武田修宏《たけだのぶひろ》さん、北澤豪《きたざわつよし》さんみたいに常に六本木《ろっぽんぎ》で練習している、みたいな人が今はいなくなってしまった。いたとしても数人くらいだと思うんですよね。

現代はスポーツ医学が発達しているから、お酒を飲むことによってコレコレこうだ、という話もあるのでしょうけれど、野球選手が夢を売っていない感じがするかな。いいクルマに乗って、いい服を着て、いい女抱いてというのが男の子の夢じゃないですか。

今、プロ野球界にはそういう「模範」の選手はいないですよね。スワローズにはふんわりとしたイメージがありますから、スワローズでそれをやると「ん？」という感じにはなるでしょうけどね。

まあ、豪快な選手以外でも小川さんみたいに独特な投法だったり、ストイックだったりという精神面も個性です。結果は残していませんが、三輪正義《みわまさよし》さんの陽気さも個性。雨天中止になると、三輪さんの見せ場ですから。僕らも外野で「三輪盛り上がり」しています。

3　歴代ベストメンバー

歴代ベストメンバー、王道でいきたいと思います。打順決めは難しいのでベストナインということにします。

（②古田③杉浦④辻⑤池山⑥宮本⑦若松⑧飯田⑨青木宣親、ＤＨガイエル）

やはり捕手は古田さん。唯一無二の選手ですから。それぞれのポジションも納得の王道メンバーだと思います。

ただ、一番難しかったのは二塁。辻発彦《つじはつひこ》さんは生え抜きではなく96年に西武から入団されましたが、二塁は辻さんのイメージが強いんです。西武時代も黄金時代の一員として活躍されましたし、87年日本シリーズの巨人戦では中前打で一塁から生還した「伝説の走塁」がある名選手。このシリーズでは日本一を目前に涙する清原さんを慰めた名シーンもありました。西武の印象が強い選手ですが、スワローズへ移籍したシーズンは打率３割台をマークしましたし、当時他球団から移籍した選手がスワローズで復活する「野村再生工場」の代表的存在だったと思います。

二塁はゴールデングラブ賞の田中浩康《たなかひろやす》さんも考えたんですけどねえ。

外野は全員中堅手みたいな感じになりました。もう全員が「打つ！」という外野ですが、守備なら飯田哲也《いいだてつや》さんが本塁打級の大飛球をフェンスを駆け上がってキャッチする姿、もう１回見たいですね。飯田さんはスワローズの外野陣でピカイチの守備だったと思います。

投手は先発なら石井《いしい》一久《かずひさ》さん、岡林洋一《おかばやしよういち》さん。

一久さんは出始めの頃、荒削りな感じが魅力でした。膝と肘を当てる「コツン投法」。古田さんとのバッテリーで三振を奪い続けた姿が印象に残っています。

心が自由なところも好きでした。07年にＦＡで西武へ移籍する時も「埼玉で友達を作ってきます」ですから。そう言われたら、もう「転校先でも頑張ってね」って見送るしかないですもんねえ。のほほんとした風情で、マウンドに上がればゴーッとすごい球を投げる。そのギャップが良かったです。

岡林さんは92年日本シリーズですね。第1、4、7戦の3試合に先発して全部完投。日本一にはなれなかったもののリーグ制覇の立役者でした。また、パラグアイ出身。日本のプロ野球選手でパラグアイ出身は後にも先にも岡林さんだけかもしれない。

中継ぎは山本樹《やまもとたつき》さん、加藤博人《かとうひろと》さん。山本さんは高津さんにつなぐ絶対的なセットアッパー。出たら必ず抑えると信じて見ていました。現在は、母校の龍谷大で監督をされているんですよね。昨春は関西六大学リーグで優勝されたと聞きました。

加藤さんといえばカーブ。落差が大きく、打者がボール球だと見送ったらストライクなんてことが度々ありました。もしもスワローズ3大魔球があるとすれば、伊藤智仁《いとうともひと》さんのスライダー、高津さんのシンカー、そして加藤さんのカーブだと思います。

抑えはもちろん高津さんです。スワローズファン以外は覚えていないニックネーム「フィニッシャー」の通り、いつも胴上げ投手でした。投手を挙げていくと、やはり古田さんとのバッテリーが強く印象に残っています。最近では林昌勇《イムチャンヨン》さんですね。ムチのようになる投げ方で、伊藤智仁投手コーチが「でんでん太鼓」と言ったとか。実は秋吉さんより先に林昌勇さんが「でんでん太鼓」だったんですね。

王道以外でも、スワローズファンならではのマニアックなスタメンも考えました。こっちの方が面白いかもしれません。

（②八重樫③君波④笘篠⑤角⑥水谷⑦城⑧荒井⑨副島孔太《そえじまこうた》）

捕手に八重樫さんを選んだ理由は独特の打撃フォームもありますが、メガネをかけた捕手は古田さんより八重樫さんの方が先だったという敬意も込めて。長く２軍監督もされて、いい打者を多く育てた方だと思います。

君波さん、いいですよね。最初は捕手でしたが、大矢明彦《おおやあきひこ》さん、八重樫幸雄《やえがしゆきお》さん、中西親志《なかにしちかし》さん、秦真司《はたしんじ》さん、それこそ古田敦也《ふるたあつや》さんも入ってきて選手層が厚くてなかなか出番がありませんでした。でも、イースタンでは打撃のタイトルを獲っています。長打力のある選手で、もっと１軍で見たかった選手の１人です。

守備といえばやっぱり水谷新太郎さん。今年から２軍のコーチでまたスワローズに帰ってきました。広岡達朗《ひろおかたつろう》監督時代のスワローズで守備名人として活躍されて、84年には遊撃手守備率史上最高・９９1をマーク。1軍の内野守備走塁コーチをされていた時代は、練習前にストレッチをしている姿をよく見かけました。ノックバットを持ちながら、体をめっちゃ伸ばすんです。年齢を重ねても柔軟性がすごい。球場で選手のストレッチ姿を見るなら、神宮ではどこを伸ばしているのか分からない畠山選手、戸田（二軍練習場）では伸ばしまくる水谷さんをマークするのも面白いかもしれません。

笘篠賢治《とましのけんじ》さんは、守備はどこでも守れて足も速い。今では複数ポジション制が浸透していますが、当時は笘篠さんのようなユーティリティープレーヤーはとても貴重だったように思います。守備位置5カ所ですよ！　相手投手の癖を見破る名人でもあり、野茂英雄《のもひでお》さんの直球、フォークの違いを見抜いていたんですよね。福地さんもそうだと聞きましたが、ユニホームのしわの数まで見ていたと。プロフェッショナルです。

西武時代、２０1０年に石井一久さんがヒーローインタビューで犬を飼ったという話をしたことがありました。「名前はペロです！」と言って拍手喝采。

あの時に「ペロ」で、ある選手を連想した方は長年のスワローズファンだとお見受けします。そうです、角富士夫《すみふじお》さんが現役だった頃の愛称は「ペロ」だったんです。もちろん名前の由来は違うそうですが、いつ何時、どこにいてもスワローズ関連の単語に反応するのは中毒症状であります。

ほかにもスワローズならではの「小柄でパンチ力のある打者」を入れまくりました。荒井さんは84年ロサンゼルス五輪で全日本の４番でしたからね。

一度、このマニアック・スタメンの試合も見てみたかったです。「応燕」、燃えるだろうなあ。

第3章　3度目はない！　飛翔する2015年のツバメたち

1　96年入団組勢ぞろい！　絶妙のコーチ陣

今季の首脳陣はうまいバランスでコーチがハマっていると思います。杉村繁《すぎむらしげる》さんが1軍打撃コーチで外野守備走塁コーチには福地さんがいて、三木肇《みきはじめ》さんも作戦兼内野守備走塁コーチとして新しく入ってきました。僕は攻撃面で三塁にいつも注目しているので、走塁、打撃で面白い野球が見られるかなと楽しみにしています。

特に、４人しか入団しなかった96年同期が全員コーチになっているところに注目したい。三木さん、宮出隆自《みやでりゅうじ》さん、野村克則《のむらかつのり》さん、石井弘寿《いしいひろとし》さん。入団から20年近く経って４人ともコーチで、なおかつ全員ポジションが異なって、弘寿さん以外は他球団を経験している。これはすごく強みになると思います。またこの４人が仲が良くて、みんな野球が大好きなんだそうです。そこがうまくハマるとさらに面白い。

これがまた、全員が一流選手のような成績を残したかと聞かれれば、微妙な部分はあります。弘寿さんはケガをなさっていますが、克則さんも選手として高い実績は残していないですし、宮出さんも投手で入って野手転向、三木さんもプロ通算59安打。

そこで、みんな戻ってきているところがスワローズの良さなんですよね。年功序列があまりなさそうなコーチ陣でうまく情報共有が出来たら面白くなりそうです。真中満《まなかみつる》監督もまだ44歳ですからね。

三木さんも指導力のある素晴らしいコーチと聞いています。「一番の作戦は、みんなが出来ること、当たり前のことをしっかりやること」とお話しされていました。

ジャンルは違えど、僕もお芝居について常日頃からそう思っています。18歳の頃に舞台でミスをした時に、祖父が「お前は孫じゃない」と2カ月くらい口をきいてくれなかったことがあります。ミス自体は小さなものだったのですが、「当たり前のことを当たり前に」が出来ていなかった。凡事《ぼんじ》徹底《てってい》、ですね。同時に心掛けている言葉に「日々初心」があります。そういう気持ちでお稽古を重ねることで体に染み込んでいきますから、あの時は改めて気が引き締まりました。

ですから、三木さんのお話にはとても共感しています。

先日、克則さんのノックを見てビックリしたんです。オープン戦の巨人戦（2月28日　東京ドーム）。18時開始のナイターだったので、16時頃から取材を兼ねて練習を見せていただきました。

そこで気付いたんです。克則さんのノックがすごいんですよ。左手にミット、右手にノックバットを持って、ミットから球をトスして打って、返球を捕ってポンとトスする。他球団のコーチもそうかもしれないですが、なにか違うんです。ノック、キャッチ、トス、ノック、キャッチ、トス……。一連の動きが寸分の狂いもなく流れているんです。軌道がまったくズレない。

「すげえなあ」

練習を見ながらずっと考えていました。

「捕ってトスして、パンと打って捕って……いや、すげえなあ」

さらに、三木さんがネットの横からファーストに打っていたり、コーチ陣が打撃練習の隙間を縫ってノックをしていたんですが、それも「おおっ」と思ったんですよね。僕はもともと早く開門した時などに練習を結構見ているほうですが、間近で見るコーチ陣のノックが美しくて、改めて「すげえなあ」と。もう頭の中には「すげえなあ」しか出て来ませんでした。それでいて、チームが楽しそうにやっているんですよ。試合だけでなく、そういうところを見るのも楽しいかもしれません。

昨年の最下位は監督のせいではなく、選手枠が４人も空いたままで駒が足りなかったということはファンも分かっています。

でも、試合はミスの負けが多かったように感じました。守備、継投、そこで代打はその選手じゃないだろうというベンチワーク、グラウンドでの凡ミス。覇気がないように見えるミスが多かった。

今季は「これならしょうがないよな」という負けを作ってほしいと思います。

昨季は〝不思議なしの負け〟が多かった。

「そこでエラーしたら勝てないよな」

「そりゃ最下位だよな」

「また負けかよ」

「そこは違うだろ！」

リードしているのになんとなくボーッとしてけん制でアウト、その後逆転されるという悪い流れをつくるプレーが目につきました。昨季は7点リードしていても「負けるかな」みたいな予感を絶えず持ちながら見ていました。だからワクワクしなかった。

「あー負けた！」

そんな負けだったらいい。相手がいいプレーをしたことによって勝てない場合もあります。当たり前のことを当たり前にする。それを徹底して、緊張感をもっての敗戦ならいいんです。

負けには長年慣れていますから。せめて、結果的に盗塁を失敗してゲーム終了なら納得です。

　１４４試合もあるから山あり谷ありですが、もっと必死さが欲しかった。

　取材させていただいた時に三木コーチがおっしゃっていましたが、7回、8回に山場を持ってくるゲームもいいけれど、初回に山場があってもいいと。初回に5点取ったらそのまま勝てるという、試合のつかみ方があってもいい。必ず最後に頑張ればいいわけではなく、最初にガンと点を取ってしまえばそのままいける。

　昨季はここを抑えれば勝てる、ここを打てば勝てるという場面で抑えない、打たない。空気を読むというか、試合のポイントをつかむ緊張感の有無ですよね。畳みかけている感じがなかったですねえ。

　でも、コーチ陣も変わりましたし、選手もやはり2年連続最下位はすごく悔しいと思います。変わるしかないからこそ、今季は上がると思っています。

　2年連続最下位はずっとありませんでした。85、86年以来29年ぶりのこと。これから後々、ファン同士で語れるといい。

「あの2年間はすげーつらかったんだぜ」

「あれがあったから今があるんだよ」

「あの2年連続最下位を知らないの？」

　むしろ思い出に、伝説になるくらいの強さが戻ってくればいいと思います。

2　期待の若手、中堅選手

シーズン開幕前に期待している若手選手は藤井亮太《ふじいりょうた》さん、面白いですね。２０１３年ドラフト6位。入団2年目の俊足強肩捕手です。オープン戦では1番で出場して、打率3割を打っていました。

彼の出番があるかもしれないという根拠はまず、「ケガ人が出る」ことを前提に考えるスワローズ中毒症状です。

例えば今、正捕手の中村悠平《なかむらゆうへい》さんがケガをすると代わりがいない。じゃあ西田明央《にしだあきひさ》さんかといったら、まだ1年間を任せられない。田中雅彦《たなかまさひこ》さんは確かに1軍経験はあるけれど……。では井野卓《いのすぐる》さんはというと、どの球団でも目立った結果は残していない。

チーム事情から捕手はおそらく2人制。となると3人目に捕手も外野も代走も、ヘタすりゃ代打もいける藤井さんを入れるのはめちゃめちゃ面白いと思います。途中出場になるので1試合1回しか使えないことを考えると、どこで使うかによってはいろいろ出てくるとは思いますが、最終的に捕手で使えるのはすごく魅力的。藤井さんには期待しています。

あとはミレッジ、バレンティンが戻ってくるまでに誰が外野の正位置を奪取するか。雄平《ゆうへい》さんがいますが、本職だったら飯原さん、上田剛史《うえだつよし》さん、マツジュン（松井淳《まついじゅん》）さん、川崎成晃《かわさきなりあき》さん、荒木貴裕《あらきたかひろ》さん、（田中）浩康さん。候補がたくさんいるので面白いですよね。でも、日替わりで使うのは弱い証拠だと思うので、ここから誰かがガンと出てくるといいなあ。中でもそろそろ、飯原さんにはもう1回花を咲かせてほしい。

高田繁《たかだしげる》監督は以前、自分の趣味であるガーデニングに例えて、飯原さんを「大輪の花を咲かせる男なのに、ポカがあるからなかなか咲かないんだよ」と評していたんですよね。そうしたら、スポーツ紙が何を取り違えたのか「ガーデニングが趣味の飯原は……」って書いちゃって。飯原さんのところにファンから花の種が届いたそうです。

個人的には谷内《やち》亮太《りょうた》さんにも期待しています。大引啓次《おおびきけいじ》さんが入団しましたが、谷内さん、カワイイ顔しているじゃないですか。彼に人気が出ると、女子のお客さんが増えると思います。でも、使う側としては一塁、遊撃、三塁、外野も守れる荒木さんの方が使い勝手がいいですかねえ。谷内さんは二塁、遊撃なので。でも、彼がハマると面白いので期待しています。

投手陣は児山祐斗《こやまゆうと》さんとか若い衆に注目しています。左にいい投手が数多くいると思うんです。八木亮祐《やぎりょうすけ》さん、村中恭兵《むらなかきょうへい》さん、赤川克紀《あかがわかつき》さん、岩橋慶侍《いわはしけいじ》さん。ここから2、３人出てくると俄然面白い。もちろん、トニー・バーネットにも活躍してほしい。バーネットがハマったらチームが強い証拠ですし。

今年の新人でいえば、個人的に「風張蓮《かざはりれん》」という名前を叫んでみたいので、早く1軍に上がってこいと願っていました。願っていたら早速5月3日広島戦（神宮）で1軍初登板しましたが、8球で危険球退場してしまいました……。岩手県九戸《くのへ》村出身で、現在ブルペン捕手の福川《ふくかわ》将和《まさかず》さんと同じ東農大北海道オホーツク（当時・東農大生産学部）卒。「風張蓮」ってカッコイイ名前ですよね。まだまだ、叫ぶチャンスはあると信じています。

あとは、新人の竹下真吾《たけしたしんご》さんは今のチーム事情なら1年目からどんどん使っていくかもしれない。ハマれば面白そうだなと思う反面、先を見て育てる必要もありますから、難しいところです。

ハッパを掛けたい選手はたくさんいます！

武内晋一《たけうちしんいち》さん、ユウイチさん、（田中）浩康さん、飯原さん。特に武内さんはハマってほしいです。智弁和歌山高校、早稲田大学で主将をやっている、２００５年大学社会人ドラフト希望枠です。一塁の守備は天下一品。グラブさばきがめっちゃめちゃうまい。当たれば飛ぶんですから。

スタメン獲り、となればポジションが難しい。一塁は畠山さんが確実に出て来ちゃったし、じゃあ外野といったらみんないる。生きる道が狭まってきて、代打しかホントに生きる道がないんだったら割り切って一発にかけた打撃を……。スワローズって今、代打で一発がある選手は誰がいます？

　確率が高いのはユウイチさんですが、一発を考えれば浩康さん、飯原さんは難しい。武内さんなら左で一番いい代打になれますよ。真中監督のような代打の神様になれみたいなことは言わないですから、出てきた時にファンが「おお！」と盛り上がる、結果が残る選手になれるはずなのにと思います。

　中堅投手では中澤雅人《なかざわまさと》さん。ぜひハマってほしい。絶対できる。ハマんなきゃダメと思いますね。たぶん10勝できると思うんだけどなあ、っていつも考えています。

　あとは由規《よしのり》さんが戻ってくるといいとは思います。２０１１年東日本大震災のシーズンに右肩痛で離脱しましたから、もう4シーズン経つんですね。焦らずに戻ってほしいのであまり多くは語りたくないですが、夏くらいまでに戻ってくれれば面白いでしょうし、お客さんも呼べるでしょうから。

　中６日で投げられるといいんですけどねえ。中10日だともう1人６番目の先発を作らないといけない。そこまで台所はゆるくないので、苦しい状態であれば難しいとは思います。

　今季のリーグ順位予想（※3月12日に予想）はもちろんスワローズ優勝ですが、他チームでは広島がコケると思っています。けが人も多いですが、それ以前にコケるのではと。緒方孝市《おがたこういち》さんが監督に就任する時期はもう少し先だったのではと予想していましたし。ファンが盛り上がり過ぎているから、３、４連敗した後にコロッと変わってしまうのではとみています。勝ち慣れてない球団が勝つと……というところです。

栗原健太《くりはらけんた》さんも出て来てない、新井《あらい》貴浩《たかひろ》さん、黒田《くろだ》博樹《ひろき》さんが戻ってきても、年齢は40近い。投手以前に、打線が打てないと思っています。

中日は昨季ダメでしたが、谷繁元信《たにしげもとのぶ》さんが2年間同じことをするとは考えられない。志田《しだ》宗《むね》大《ひろ》スコアラーは「中日にはみんな知らないけれど、いい投手がたくさんいます。今年の中日は新しい投手が出てきますよ」と言っていました。僕も中日はやるんじゃないかなあと。

やはり巨人は強いですが、計算できないＤｅＮＡは面白い。ノッちゃうとクルと思うんですよ。

３　沖縄春季キャンプで見た生存競争

今年は初めて春季キャンプを訪問しました。2月の沖縄自体は海に入れないし、何の興味もないのですが、スワローズの取材ということで2月末に行ってきました！　小《お》川《がわ》泰《やす》弘《ひろ》投手、三木コーチに取材させていただきました。

いつも神宮の外野で会っている人たちもいましたねえ。普通に「亀さん」って声かけられましたから。皆さん、キャンプにも結構行かれているんですね。

今は沖縄だけでも9球団がキャンプを張る。各球団がスケジュールを掲示しているので、ファンの皆さんは沖縄県内の各キャンプを掛け持ちして見に行ったりしているそうで。

僕は初キャンプでしたが、練習を見せてもお金を取れるのがプロなんだなと思いました。僕らは舞台だけが勝負の場。裏の努力しているところは見せずに、化粧をしてキレイな状態で舞台に立つようになっていますが、プロ野球はキャンプで守備、打撃練習を見せる。だったら、キャンプをもう少しショーアップしてもいいのかなとは思いました。

キャンプならではの部分では、野球の生音を楽しめましたよ。練習試合も見せていただいたら、試合中に投げる音、バットに当たる音、走る音、土を蹴る音が聞こえてくる。これは良かったですね。

一方で選手の生存競争があって、生々しくも楽しかったです。

必死な人たちは必死です。調整で1軍が約束されている選手、1軍キャンプにいるけれどスタメンに入れない選手、1・5軍の選手。これは見ていると分かります。もちろん試合での使われ方もありますが、空気感が違う。

厳しいなあ、と思う場面もありました。ブルペンを見せていただいた時に、前日の練習で投げた木谷良平《きやりょうへい》さん、1週間後ぐらいに登板予定の小川さん、そして村中恭兵《むらなかきょうへい》さん、八木さんが入っていました。

開幕投手の小川さんは調整が最終段階に入っていました。ブルペンでけん制をしたり、投球間隔が長かったのでおそらくシミュレーションして1球1球投げていた。小川さんは音が全然違うんですよ。

木谷さんはまだ肩を作っている段階。小川さんと2人で右投手が並んでいるので違いが如実に出てしまう。躍動感も、空気感も。木谷さんがただ漠然と投げているわけではないと思いますが、シミュレーションのレベルが違う。

ブルペンでは村中さん、八木さんも投げていましたが、完全に調整段階でした。体の使い方、腕の振り、球の勢い。僕でも分かります。1軍の選手、確約されていない選手、まだ分からない選手の差はすごくありました。

小川さんは絵になる投手ですね。ひいき目かもしれませんが、プロ野球を見渡しても今、絵になる選手は少ない。小川さんのブルペンはもう「ああ、すごい」と思うしかなかったです。すごいですもん。

たぶん、いろいろ確認をしながら投げていたんでしょうね。肘、膝の位置をよーく見ていると数ミリ単位で調整しているように感じました。その後取材させていただいて、腰、膝の使い方についてお話を聞けたので「おぉ、やはりそうだったのか」と思いましたね。もう開幕は見えていて、その次の段階を見ているという練習をなさっていました。

今のスワローズには意外性のある選手はいっぱいいるのですが、安心して見ていられる選手は数が少ない。古田さん、宮本さん、池山さん、広澤さんは現役生活の晩年でも、打席に立った時にオーラがあって「失敗したらしょうがないな」と思わせてくれたところがありましたが、今のチームは中心選手であっても、僕らファンは心のどこかで「失敗するんだろうな」「得点圏打率が低いしな」と諦めて見てしまっている部分がある。

それで言えば、山田哲人《やまだてつと》さんは「山田が打てなかったらしょうがないな」という勢いをまとっている選手。本当に皆さんがおっしゃるように「3年間1軍を張れば一流」なので、結果を出していってほしいなと思います。

本当に強かった時代は先発に（石井）一久さんがいて、岡林さんがいて、西村龍次《にしむらりゅうじ》さんがいて。みんながちゃんとローテーションを守っていた。中継ぎでは山部太《やまべふとし》さん、山本樹さんがちゃんと抑えて、高津さんにつなぐ。

強い時はエース的存在の投手が複数いると思うのですが、そう考えると今は先発陣が弱いですよね。エースは石川雅規《いしかわまさのり》さんしかいなくて、2桁勝利を長年続けている素晴らしい投手なのですが、大幅に勝ち越すことは実際に少ない。村中さんは期待されていましたが、ケガをして伸び悩みましたし。中堅の復活、若手の台頭を期待しています。

4　スワローズ愛あればこその激辛エール

２年連続最下位ですからねえ。
いつまでもファンは笑ってないぞ！

まず、ファンが一番求めているファンサービスは勝利なんです。グッズを売る、ホームページをキレイにする、ユニホームを配る、ビールを半額にする。それはサービスではなくプラスアルファの部分。

実は球団主導のファンサービスは、そんなにファンは求めていないんですよ。握手会、写真撮影会、サイン会。そりゃあ選手と交流はしたいけれど、行列を作って選手と握手をしましょう、写真を撮りましょう、サインしましょうというのはお互い負担になってしまいます。ファンは決められた時間に行って並ばなければならないし、選手たちも練習を早く切り上げて行かなければならない。それはお互いに求めていないところなんです。

ファンサービスとは本来、選手側から自主的に提供するもの。軟式球場で練習からクラブハウスに戻ってきた選手を、大リーグのように１時間も２時間も足を留めさせてサインをしてもらってはいけないのは分かっていますから、ファンとの程よい距離感、時間内でやる。それがファンサービス。その延長線上に勝利があるはずなのに、昨季まではどちらも出来ていない。もちろん、ファンサービスがいい選手もいますけどね。

まずは勝利を求めているのだから、勝つために球団がもっと動くべきだと思います。年によってムラのない補強、選手の意識改革、選手にケガをさせないトレーナー招へい、トレーニング内容、施設を作るべきだと思います。クリーニングの施設を作っている場合ではないんですよ。

筋トレをすればケガをしないかと言ったら、筋トレをするからケガをする部分もあると思います。柔軟性の問題でもありますから。現代では科学的に証明されていますし、なぜそこを採り入れないのか。僕らから見ていると、球団が勝とうとしているように見えないんです。

変な話ですが、ユニホームを配ろうが、ビールを半額にしようが何しようが、強ければ客は入る。きっと小川さん、石川さん以外にも脚光を浴びる選手が出てくるはずです。

球団内部にファンサービスを理解していない人がいるような気がします。スワローズの情報発信について、僕らファンが頑張っているじゃないですか。サンケイスポーツの「丸ごとＳｗａｌｌｏｗｓ」、僕のブログ、Ｔｗｉｔｔｅｒ、神宮球場で知り合ったファンたちと過ごすユーストリームの番組「スワらしい時間」、笑福亭《しょうふくてい》べ瓶《べ》さんの番組「笑福亭べ瓶のスワいち！」

（＝毎月第2、4月曜　21〜23時。ながさわたかひろさん、山本祐香《やまもとゆうか》さんと共に行うニコニコ生放送のスワローズ応援番組）。これは本来、僕達がやるんじゃなくて、球団がやることではないでしょうか。

強い球団だったら情報がもっと紙面に出て、文字になって、ネットに情報が出ているはずなのに、それがないということは球団側がそうなるように考えていないから。

ＤｅＮＡ、ソフトバンクは情報を自ら発信しているじゃないですか。ちょっと時代が早くて、すべて成功したかと聞かれれば微妙な部分もありますが、「Ｆ－ＰＲＯＪＥＣＴ」がうまくいったのは、おそらくメンバーを外部招集したからだと思うんです。もっと頭を柔らかくしなきゃ。

勝利というファンサービスを僕らにください!!　ファンは切に願っています。

ちょっと言い過ぎたかもしれませんが、スワローズ愛あればこそ、です。

今季もお芝居、お稽古の合間を縫って神宮球場へ行きます。たまに球場へ連れて行くようになった今年３歳になる倅マンも、いろいろしゃべるようになりました。先日は突然、何やら連呼し始めました。

「ばっ」

「ばっ」

何かなあと考えていたら、「つば九郎」の「ばっ」。
立派なあまのじゃくに育っています！

第3部　日本シリーズの舞台でしゃべらせていただきたい！

――スタジアムＤＪ　パトリック・ユウの熱情

第1章　スワローズとの交流

1　心優しき男・木田優夫

スワローズに在籍した選手で最も親しくさせていただいた選手は、現日本ハムGM補佐の木《き》田《だ》優夫《まさお》さんです。木田さんは僕よりも2年くらい前、２００６年シーズンに米国から帰国してスワローズ入りしていました。２００８年、新ＤＪの僕はチームへご挨拶するために沖縄春季キャンプへ。その時が初めての出会いです。まずは高田繁《たかだしげる》監督へご挨拶。その時に、高田監督から聞かれました。

「お前、結婚してるのか」

「まだ独身です」

「今、いくつ?」

「40歳です」

「じゃあ、木田と同じだな。木田と飲みに行け。言っておくから」

なんと、監督命令で木田さんと飲みに行くことに！

どうしたらいいのかなあと思いながら、翌日再び浦添《うらそえ》市民球場へ行くと、僕を見つけた木田さんが照れくさそうに近寄ってきてくれました。

「監督に言われたので、飲みに行きますか」

「はい、こちらこそよろしくお願いします。いつにしましょうか」

「明日に先発登板を控えているので今日は行けないけれど、明日の試合が終わったら行きますか」

それで初めて一緒に飲みに行きまして、お寿司をごちそうになりました。

木田さんはいつもソフトドリンク。お酒は飲まず、お付き合いで口をつける程度で年間通算でコップ1杯くらいと言っていました。でも、お店のハシゴはするんですよ。ずっとウーロン茶でハシゴできるのはすごいですよね。

木田さんとは身長が一緒（188センチ）で、血液型も一緒（A型）で、結婚していないのも一緒で、なんかお互い照れ屋で。共通する要素が複数あったんです。あとで皆に「独身の反省会だったの？」なんて聞かれましたが、そうでもなかったですよ。「なんで結婚できないんだろうね」という話はしました。あ、反省会していますね。理由をお互いに話してみたら、やはり似ている点は多々ありました。木田さんは現役の間は絶対に結婚しない、とおっしゃっていましたし。

　でも、僕は昨年結婚しました！

　木田さんには今春キャンプで報告しました。日本ハムとのオープン戦（浦添）にＭＣで行った時に久しぶりにお会いしました。スーツを着ている木田さんはすごくカッコ良かったですね。

「すみません、木田さん。先に結婚しました。子供まで出来ちゃいました」

「おー」

「木田さんが行くまではとりあえず待っていようと思ったんですけど、なかなか引退しないので、すみません、先にちょっと行かしていただきました」

　そうしたら周りにいる人をつかまえて、

「パトリック、結婚して子供も作ったらしいぜ」

　みたいなことを言い始めて。正直、反応が微妙に薄かったのが気になりましたが、それが木田さん流の祝福の仕方なのかなあと。また今度、しっかりお祝いしていただこうかなと思います！

　スワローズにとっての木田さんといえば、もともと巨人に在籍していた時代の93年、死球の遺恨による乱闘騒動がありました。木田さんを交えた死球合戦の末に、グラッデン選手と当時現役だった中西親志《なかにしちかし》さんが殴り合いになって大乱闘に発展したという。あの試合はありましたが、木田さんはとても優しい方です。スワローズに入団したばかりの頃「一番に挨拶しなければいけないのは中西親志さん」と言っていたそうです。

あとは２００９年、城石憲之《しろいしのりゆき》さんが引退することが決まった時のこと。引退セレモニー用に、ファンからの「お疲れ様メッセージ」をインタビューして回っていたんです。すると、木田さんから電話がかかってきました。

「城石に言いたいことがあるから、俺にもインタビューしてくれ」

でも、木田さん自身も同じ時期に戦力外通告を受けていたんですよ。現役続行されるということで、僕はファンに木田さんへの「さよならメッセージ」も取材していたくらいでした。自分が戦力外通告を受けている状態にもかかわらず、城石さんに一言「お疲れさま」と言いたいと。木田さんはクラブハウスの駐車場をバックに、スーツ姿で撮影に臨みました。

「城石は選手会長として頑張っていた。自分のようなわがままな選手をまとめる城石は本当にすごい。お疲れ様でした」

そんな内容を話してくれて。だから、城石さんへのメッセージ映像はファン、ファン、木田さんという流れになったんです。

選手では年齢的に一番上でしたから、よくチームを見ていたし、頑張っていた選手たち、チームリーダーを陰ながら支えていたんだなと思いました。気遣いのある温かい兄ちゃん的存在ですよね。

スポーツ紙で連載されていた「木田画伯の絵日記」で、僕も似顔絵を描いてもらったことがあります。あの似顔絵は今も家に飾ってあります。当時の新聞記事も。嬉しかったですね。

2　グリーンモンスターを攻略した岩村明憲

ＤＪを始めた頃は、もうメジャーに行かれていてお会いできなかったのですが、２０１２年にスワローズへ戻ってきてからご挨拶しました。僕が米国と韓国のハーフということもあってか、岩村明憲《いわむらあきのり》さんはよく英語で話しかけてくれました。その日一発目の挨拶は、

「What's up ?」

英語でしゃべりかけてくるんです。僕も、岩村さんがバッターボックスに入る時は英語で紹介しました。

「Next batter No. 48 Akinori Iwamura ！」

彼へのリスペクトも込めて。

昨年の９月くらいにお食事をしました。その頃は２軍に落ちていて、岩村さんも少し覚悟はしていたようで、

「まだ球団から何も言われてないんだよ。早く言ってくれたらアレだけど」

そんな話をされていました。

また、岩村さんは息子さんが少年野球をやり始めたこともあってか、こんなことをおっしゃっていました。

「もうちょっと自分がプレーしている姿を子供に見せてあげたいんだよね。だから、自分は現役続行を希望。体はボロボロだし、正直キツイけどね」

レイズ時代に負った左膝の大ケガ。２００９年5月24日（日本時間25日）、マーリンズ戦でした。守備時に二塁ベース上で強烈なスライディングを受けて、空中で1回転して左膝の靭帯が切れたんですよね。以降はこのケガが尾を引いていたんだろうなと思います。

メジャーへ移籍した日本人野手で最も活躍した1人。日本人の左打者でグリーンモンスター（レッドソックス本拠地・ボストンのフェンウェイパークにある高さ約11メートルの巨大左翼フェンス）に打ち込んだのは岩村さんだけです。ア・リーグを制覇してワールドシリーズに進んで、米国で「レイズ旋風」を巻き起こした立役者。現在ロッテの井口資仁《いぐちただひと》選手も大活躍されましたが、ケガをしなかったら岩村さんはもっともっと実績を残したのではないでしょうか。

岩村さんは「アツイいい兄ちゃん」です。純粋でストレートで。そんな岩村さんは今季はルートインBCリーグの福島ホープスの選手兼監督を務めておられます。先日お会いしに福島まで行ってきました。真っ黒に日焼けしていて元気に若い選手にノック。個性的な選手を指導者としてまとめる姿に新たな野球に対する情熱を感じました。

3　スワローズの名物指導陣

小川淳司《おがわじゅんじ》前監督、小川さんとはよく神宮外苑の外周でお会いしました。監督当時はいつも朝10時くらいに球場へいらして、1時間くらいランニングするのが日課でした。小川さんがいつも走るコースを聞いて、僕も走ってみました。同じ向きに回るとなかなか会えないので、逆回りに走って。

「ランニングをする時って、いろいろ物事をポジティブに考えることができるからね」みたいな話を聞いたことがあります。僕も同感。スタジアムでしゃべることを走りながら考えるとアイディアがまとまったり、ネガティブな気持ちが消えていったりします。

小川さんが監督代行に就任された２０１０年は巻き返しがドラマチックでした。高田監督の辞任後から指揮を執り、チーム状態がだんだん良くなって、4位でしたがシーズンを勝ち越しました。

年明けに新入団選手発表の記者会見があり、その打ち合わせで小川さんが、

「しゃべるのがあまり得意じゃないんだよねえ。どうやったらそんなにしゃべりがうまくなるの？」

もう、レクチャーしましょうかなんて言えませんし「いやいや……」と返すしかなかったの

ですが、僕は小川さんのお話で強く心に残っているエピソードがあります。地元の千葉県に住むお父様が犯罪者を更生させる保護司を務めていたと。そのお父様が小川さんに、

「犯罪者は出会いの失敗者なんだ」

と言ったことがあって、それ以来小川さんは、

「指導者となった自分が、選手にとって出会いの失敗になってはならない」

そう思うようになったと。

含蓄のある言葉ですよね。いまプロ野球で活躍している、活躍していた選手達はいろんな指導者との出会いを重ねてグラウンドに立っているわけですから。

スワローズのチームの方々は優しい人が多いです。神宮のスタジアムＤＪになり立ての時に声をかけてくださったり、日頃の挨拶で短くてもコミュニケーションをとってくれたりするのは、皆さんが「出会い」を大切にされているのかもしれません。

ご縁がある方といえば八重樫幸雄《やえがしゆきお》さん。八重樫さんも会うたびに常々声をかけてくれます。しかも、思わぬところでやたら会うんです。信濃町《しなのまち》を歩いてたらすれ違ったり、僕が草野球の後にちょっとビール飲んでいたら、前方から八重樫さんが歩いて来たり。

つば九郎も八重樫さんのことが大好きなんです。選手のバッティングフォームのモノマネを

する時は、必ずあのオープンスタンスをやりますからね。

八重樫さんは少し東北なまりで、打撃コーチ時代も毎日声をかけてくれていたんですよ。「今日も頑張れよ～」みたいな感じで。東北担当スカウトになられてからも、新入団選手の発表会見の前にいろいろ情報をくれるんです。僕はＭＣをするのでとても助かっています。東北地区から来た選手について「あいつは結構しゃべりがイケるからさ、突っついた方がいいぞ」「あ～、あれはあんまりしゃべれないヤツだからフォローしてやって」。大きな体に大きな瞳。一見おっかなく見えるかもしれませんが、親分肌であったかい人です。

スワローズの打撃部門といえば、杉村繁《すぎむらしげる》コーチも欠かせません。

黄金時代の広報を務めていらして、あの時代にスワローズのメディア露出を増やして人気の礎を築いたのは、杉村さんの手腕ともいわれています。あの時代に担当記者をしていた人に聞くと「最強の広報」だったそうです。高知県出身で、高校時代は「東の原辰徳《はらたつのり》、西の杉村」と言われた大砲でした。指導者になられてからは、最近だと青木宣親《あおきのりちか》選手も育て、ＤｅＮＡ時代は内川聖一《うちかわせいいち》選手も開花させて、今は山田哲人《やまだてつと》内野手、雄平《ゆうへい》外野手。スポーツニュースでもやっていましたが、いろんな種類のティー打撃をメニューに加えているのが効果的と聞きました。

選手達は「杉さん」と呼んで、すごく慕っている様子が見ていても分かります。先頃まで指導していたＤｅＮＡ戦になれば、向こうの選手がみんな挨拶に来ますし、トークで盛り上がっているんですよ。最初は「つば九郎のお父さんみたいな方だな」なんて、ノンキに思っていましたが、すごい方です。

個人的には2012年の福地寿樹《ふくちかずき》さん、宮出隆自《みやでりゅうじ》さんの引退は本当に悲しかった。まだまだ出来るのにと。福地さんもまだまだいけていたんじゃないかな、宮出さんは楽天から戻ってきて、代打でも成績を出せるようになったのに。お2人のプレーも人柄も好きなので、とても残念でした。

スタイリッシュな、モデルばりのお2人。福地さんもそうですけど、宮出さんはもうモデルみたいで。いや、モデルもいけます！　身長192センチでスタイルもいいし、服も白いパンツにニット系で合わせたりしてオシャレなんですよね。

福地さんもジーンズにオシャレなTシャツ（ヒステリックグラマーなど）が定番ですね。またスタイルがいいんですよ。僕はカラーパンツとかも好きで神宮にも穿いていくんですけれど、そういう時は福地さんがだいたい寄ってきます。

「それ、どこの？　太腿太いの、売ってるかな？」

太腿の周囲が65センチもあるため、探すのが大変みたいで。そんなファッションの話をすることもありますね。

選手たちとは別の話ですが、意外な出会いもあるんです。千駄ケ谷《せんだがや》駅近くで飲んだ後、駅でお手洗いを借りました。快く貸してくださって、お礼を言おうと思って改札のところへ行ったら、駅員の男性が「ええと、わたくし……」と襟を正して話しかけてきたんです。スワローズファンの方かな？　と思っていたら、

「わたくし、久古《きゅうこ》（健太郎《けんたろう》）の父でございます」

「エーッ！」

久古投手のお父さん、今は転勤されているかもしれませんが、JR千駄ケ谷駅にお勤めされていたんです。

「いつも息子がお世話になっております」

深夜の千駄ケ谷駅改札で野球談議に花が咲きました。次の日、久古投手に、

「きのう、お父さんに会ったよ」

早速言いに行ったら、久古投手がニヒルな笑顔で、

「連絡ありました」

思わぬところでスワローズ関係の方々に会うことも多いですね。スワローズとはトリコロール色の糸で結ばれているのかもしれません。

4　背番号１００番台の職人たち

チームの裏方さんたちとも交流があります。まずは打撃投手の佐藤賢《さとうまさる》さん。野球漫画「グラゼニ」の主人公は絶対に賢さんだと思っています。野球ファンに認知度の高い選手ですよね。明治大学時代は当時慶応大学の巨人・高橋由伸《たかはしよしのぶ》選手兼任コーチに対して「由伸キラー」と呼ばれていましたし、プロ1年目の春季キャンプでそばアレルギーで倒れたことも。登場曲はピンクレディーの「サウスポー」でしたねえ。これもトモさんが仕込んでいたりして（笑）

僕がプレーしている草野球チーム「ゼッツ」で登板した時に制球が定まらず、四球を結構出してしまったことがあったんです。そこで、神宮にいる時に賢さんに聞いてみました。

「コントロールはどうやったら良くなりますか？」

賢さんは「自分の場合は、ですけど」と前置きしつつ、丁寧に教えてくれました。大切なのは捕手側の肩を入れること。捕手を見てアウトコースなら肩をちょっと外気味、インコースなら被せ気味に入れる。そのアドバイス通りにやってみたら、四球が1試合1、２個まで減ったんです。ガラッと変わったんですよね。やっぱりすごいなあと思いました。

ブルペン捕手の江花正直《えばなまさなお》さんともよく話します。大学卒業後すぐブルペン捕手になった職人。もちろん野球の話をすることも多いですが、意外なところでは場内演出についてアドバイスをくれます。すごく目が行き届いているんですよね。

例えば、おなじみのジングル「Go Go Swallows」。僕は3回繰り返す中で2～3回目の間に「One more time」としか言わなかったのですが、江花さんは「もうちょっと盛り上げる言葉をプラスしたらどうですかねえ。例えばEverybody sayとか」とアドバイスをくれたので、さっそく次の試合から使うようにしたのです。そして、僕が「Everybody say」を言うたびに、江花さんはブルペンからなんらかのアクションで合図してくれるんです！　粋ですよね!!　2人にだけしか分からない相互確認です。

ほかに5回裏の「応援メッセージ」についても「ああいうタイプの人だったら、もう少し突っ込んでも良かったんじゃない？」なんていう話も。グラウンドからちゃんと見てくれている。結構嬉しいけれど、ブルペン大丈夫なの？

いろんなものを見られるタイプなんでしょうね。頭がいいなあと思いますもん。長く広く、横にも縦にも斜めにも見れる。ほめすぎなので、このへんにしておきます（笑）。スワローズでは彼と一番仲がいいですね。

第2章　NO YASUSHI、NO DJ PATRICK

1　「レッツゴー・ヤスシ」の誕生

2008年に神宮球場のスタジアムDJを始めてから、僕の生活は東京ヤクルトスワローズを中心に動いています。午前中はよく神宮外苑でジョギングをし、たまにスワローズのコーチやスタッフの方々に会うときもあります。午後はチームの練習を見ながら場内演出の打ち合わせを経て、いざ試合。勝った試合後のビールは最高です！　次の日のためにもしっかりのどのお掃除をしないといけませんからね（笑）

スワローズは僕にとって、もはやライフワーク。DJとして深く関わらせていただいた年数はファンの皆さんよりも短いかもしれません。でも、人生かけてます。

神宮球場でファンの方々と「コール&レスポンス」が出来ることは至福の時。

スワローズ中毒、略して「スワチュー」の皆さん、今季も一緒にスワローズを盛り上げていきましょうね。

ファンの皆さんが僕を仲間として受け入れてくれたのは、なんといっても飯原誉士《いいはらやすし》外野手へのコール「レッツゴー・ヤスシ」のおかげだと思っています。

いわば「ノー・ヤスシ、ノー・ＤＪ　パトリック」

本当に、本当にそう思います。某レコードショップの宣伝文句「ＮＯ　ＭＵＳＩＣ、ＮＯ　ＬＩＦＥ」くらいのインパクトがありました。

というか、あったみたいです。僕自身は最初そんなに意識していなかったですが、予想以上の反響がありました。

どこへ行っても、皆さんが「レッツゴー・ヤスシの人だよ」と覚えてくれている。ファンの方も、選手もそうです。人づてに聞いた話では、阪神・鳥谷敬《とりたにたかし》内野手はあのＢｏＡの曲を聞くと、

「ヤスシ！」

そう言っちゃっている時があるとか。今年スワローズに入団した大引啓次《おおびきけいじ》内野手は、沖縄の春季キャンプでご挨拶した時に自己紹介をしたら、

「ああ、あの！　レッツゴー・ヤスシの人ですよね」なんて返してくれました。

ほかにも、志田宗大《むねひろ》スコアラーが他球団のスコアラーの方と話した時に僕のことが話題に挙

がり、「あのレッツゴー・ヤスシの人だろ？　あれ、いいよね」とほめてくれたみたいで。すっかり決めゼリフになりました。

選手のご家族にも認識されたのは嬉しかったですねえ。館山昌平《たてやましょうへい》投手がご自身の娘さんに僕のことを紹介してくれました。

「ほらほら、レッツゴー・ヤスシの人だよ」

すかさず、娘さんの目の前で「レッツゴー・ヤスシー！」と言ってみたら、満面の笑みで「ワーッ」と喜んでくれました。可愛かったです。もうこの決めゼリフだけで、ヤクルトファンの皆さんが集まる店を営業で回れるんじゃないかなと妄想できるくらい、皆さんに浸透したことを嬉しく思っています。

もともとはファンの皆さん発のコールだったんですよね。DJ初年、2008年のゴールデンウィークあたりから、「ブリッジ」で現在のように屋外DJをするようになりました。その時に右翼側の看板「タフマン」のエリアあたりから、飯原外野手の登場曲がかかった時に「ヤスシ！」と声が挙がっていました。いいタイミングの声援だなあと毎試合聞いているうちに、これは乗っかってみたら面白いかなと。実際に取り入れてみたら、皆さんが唱和してくれて、その声もどんどん大きくなって今に至ります。

これが「レッツゴー・ヤスシ！」の誕生です。

本人は言葉数が少ないタイプなのにすごく喜んでくれました。「いいねえ」とお墨付きを得たことで公認コールに。「レッツゴー～」が浸透したかなと思ったシーズンのオフに確認したことがあります。「来年も曲変えないですよね？」って。飯原選手も分かっていたようで、

「もう変えられないでしょ」

さすが飯原選手、分かってらっしゃる。

「変えたらダメですよ。かなりファンが減りますよ（笑）」

ずっと「レッツゴー・ヤスシ！」ができるように念を押しておきました！


チームが勝利したときの恒例の儀式「関東一本締め」。選手と一緒にやるようになったのも飯原選手がきっかけなんです。最初は万歳三唱をやっていましたが、東京ドームもやっていたので、巨人と同じではイカンなと。

僕から勝利の「関東一本締め」を提案して２００８年から始めました。そして昨年、飯原選手が僕にこう聞いてきました。

「試合終了後、関東一本締めやっているみたいだね」

「知らなかったの？」

「今度、俺も一緒にやりたい」

「オッケー、やりましょう！　ファンの皆さんにもよろこんでいただけると思います!!　その

代わりヒーローにならないとできないので、早くヒーローになれるよう頑張って下さいね！それまでキープしときますから」

約束してから進行のスタッフ以外には内緒にして、ついに飯原選手はお立ち台に！

それから選手とファンの皆さんとの恒例儀式になりました。

「レッツゴー・ヤスシ」の他にも、皆さんに「ああ、あの！」と覚えていただいている選手コールがあります。

川端慎吾《かわばたしんご》内野手のコール「シンゴー！」。これは僕の方から仕掛けてみました。「ヤスシ」の例があったので、チーム関係者、スタッフの皆さんとさらなる演出を考えようと意見を交換。その中で志田スコアラーがアドバイスしてくれました。

「巨人・片岡治大《かたおかやすゆき》選手（当時は西武＝易之）の『Ｕｌｔｒａ　Ｓｏｕｌ』のように、ファンの人達が一体となって声をかけられるようなものがもっと増えたらいいよね」

そんな時に、川端選手がＦＵＮＫＹ　ＭＯＮＫＥＹ　ＢＡＢＹＳの「悲しみなんて笑い飛ばせ」を登場曲に選びました。僕はそこで「よっしゃ、コレしかないな」と気合を入れて、サビの部分の盛り上がるところで「シンゴー！」コールをやってみたら、ファンの方々も乗っかってきてくれました。気が付いたら応援歌プラス、応援団の演奏も入るようになりましたね。川端選手はもともと、ファンが声を出したくなるようなノリのいい登場曲を選ぶようにしていたと思います。曲選びにもセンスを感じます。

2　まさかの神宮ＤＪ

スワローズのスタジアムＤＪを始めたのは２００８年。実はその直前、本当に直前に神宮球場で観戦していたことがあるんです。

２００７年最後のゲーム。10月7日、古田《ふるた》敦也《あつや》さんの引退試合でした。打席でドラフト同期の広島・佐々《さ さ》岡真司《おかしんじ》さんと対戦。佐々岡さんは引退試合の翌日だったのに登録を抹消せずに、この試合に臨んで対決が実現したという。僕は観客席でみんなと一緒に古田さんの応援ボード「背番号27のグリーンボード」を掲げ、球場全体が緑色に染まっていました。球場が総立ちで、1球1球を食い入るように見るわけですよ。結果は遊ゴロでしたが、古田さんはもしかしてセーフになるかも？　とみんなに思わせるような全力疾走をしていました。その後、古田さんが関係者から花束を受け取り、マウンドへ駆け寄って佐々岡さんへ渡しました。この試合で自分も引退なのに、この場面では佐々岡さんを送る側に徹した。すごく、すごく感動的でした。

当時、僕はラグビーのスタジアムＤＪ、ほかにもバスケットボール、アメフトなどいろんなスポーツＤＪを務めていたのですが、この時は感動的な試合に夢中で、「ＤＪの人はあそこでしゃべってるんだな、ふーん」みたいに思っただけでした。

生まれが東京・千駄ヶ谷ですし、いつか野球の仕事がやりたい、スワローズの神宮でスタジアムＤＪをやりたいとずっと思っていましたが、これぱっかりは自分で決められることじゃないですから。

そうしたら、そのオフにお声かけいただいたんです！

２００８年から場内演出を変えていこうというプランがあって、そのために新しいＤＪを探していると。たまたま声をかけていただいて、びっくりしましたし、嬉しかったですねえ。プライベートで見に行った神宮の公式戦は、その古田さんの引退試合が最後になりました。

プライベートで見た試合で忘れられない試合は古田さんの引退試合ですが、ＤＪになってからも印象深い試合はたくさんあります。例えば２００８年の開幕カード。「スタジアムＤＪになって本当に良かった」と実感しました。神宮で巨人を相手に３タテしましたよね。開幕投手は石川雅規《いしかわまさのり》投手、２戦目が村中恭兵《むらなかきょうへい》投手、３戦目が加藤幹典《かとうみきのり》投手で。巨人は左投手に弱いということで先発は左３枚。神宮の人工芝も新しく張り替えられた年でした。どれも接戦の末の勝利でしたから、もう大興奮ですよ。相手が巨人の開幕戦で３タテというのも痛快でしたねえ。試合ももちろんエキサイティングでしたし、ＤＪを始めた開幕カードで負けてしまったら「お前が来たからだ」「縁起が悪い」って言われたらどうしよう、とも思っていました。ホッとした部分もありましたよ。

今は屋外でしゃべっていますが、当初は屋外ではなく放送ブースでやっていたんです。開幕後、ある時に場内演出のトップの方にお願いしました。

「僕は外でしゃべりたい。外と中では臨場感が違うので、外でしゃべりたい」

外でＤＪをやりたいと言った理由は、球場の臨場感を大切にしたかったからです。アナウンサーさんとかはまた別の役割だと思いますが、ＤＪが「スタジアムでしゃべる」のは「ファンの方々に向かってしゃべる」ということだと思うんです。

選手に「頑張ってくれ」と魂を込めて呼びかけるのも、ファンの気持ちも乗せて伝えるわけですから。ファンの状態を肌で感じていないとスタジアムＤＪは難しいと思うんです。あとは「しゃべる」以外に、「黙る」場面も雰囲気を直接感じたかった。試合の緊張感が漂っている時にギャーギャーうるさく言うのも良くないと思ったので、「これは僕のアナウンスは要らないな、会場の音だけで十分かな」という空気を読みながらやる。

「しゃべる」「黙る」の判断、そしてどう盛り上げるべきかをより正確に感じるために、屋外でやらせてくださいとお願いしました。そうしたら、その年のゴールデンウイークから外で出来るようになって。

だからこそ、鮮明に記憶している試合があります。２００８年5月3日、村中投手が先発した巨人戦（神宮）です。９回1死までノーヒットノーラン。こういうヒリヒリした試合の時は、

「黙る」ということを心掛けるようにしています。もう少しでスワローズ9人目のノーヒットノーラン……と思っていたら、その後5点取られて大崩れしてしまいました。巨人・亀井義行《かめいよしゆき》選手に打たれて、阿部慎之助《あべしんのすけ》選手に2ランを打たれて。亀井選手はホント神宮でよく打つイメージがあるんですよね……。

２００９年のクライマックスシリーズ（CS）出場を決めた一戦は素晴らしかった。相川亮二《あいかわりょうじ》捕手が加入して、チームに新しい風が吹いた年でした。シーズン中には、宮本慎也《みやもとしんや》さんが一塁にヘッドスライディングした時に親指を剥離《はくり》骨折したけれど強行出場していましたよね。それでCSに行ったんですから、すごいですよ。

その一戦の10月9日、阪神との直接対決に勝利して3位が確定。神宮が超満員だったんです。それまで阪神戦では一塁側まで阪神ファンで埋め尽くされていることが多かった。しかし、この日はスワローズファンがめっちゃ頑張ったんです。

半分トリコロール、半分黄色。僕はブリッジから見ていて、すごく良い景色だなあと感じました。球場の雰囲気はいいし、超満員。3位になってCSに行くぞ！　というファンの思いがこもっていたように思います。最後は林昌勇《イムチャンヨン》投手VS阪神・鳥谷選手。2死の場面からは1球1球、お客さんが反応するんです。応援歌が鳴る中でも、林昌勇投手が投げる時にはみんなでシーンと静まり返ってグラウンドを見つめる。1球ごとにみんな「オーッ」とリアクション。

すごく緊迫した「ザ・プロ野球」の素晴らしさがそこにありました。３位が決定した瞬間は、ファンの皆さんがＤＪブースのブリッジまで押し寄せ、抱き合いましたね！

引退試合で忘れられないのは小野公誠《おのこうせい》さんです。

村中投手の「ノーノー未遂」のシーズン終わりで、河端龍《かわばたりゅう》さん、現監督の真中満《まなかみつる》さん、そして小野公誠さんが引退されました。97年のデビュー戦が本塁打で、引退試合も本塁打。史上初でしたからねえ。カッコ良かった！

引退セレモニーについては進行上、あらかじめ引退する選手の名前を早い段階でいただくのですが、その時は小野さんの名前だけがリストになかったんです。あとで聞いた話によると、小野さんご本人もしばらく自分の引退を知らず、当日か前日に通告されたようで。宮本さんが間に入って、ようやく直前になって引退セレモニーに名前が……。いろいろ事情はあったのかもしれませんが、それで最後の打席は代打で出てきてホームラン、ドーン！　ですよ。意地のホームラン。

名捕手の古田さんの影に隠れる形になっていましたが、第2の捕手としてバックアップしていた欠かせない選手でした。小野さん、カッコ良かったです。

思わず涙してしまったこともあります。わりと最近、２０１３年。年を取って涙もろくなったのかなあ。5月17日の千葉ロッテ戦（神宮）、畠山和洋《はたけやまかずひろ》選手の逆転サヨナラ満塁弾。逆転、サヨナラ、満塁弾の三拍子そろうのは球団史上初なんですよね。もう感動しちゃって、嬉しい涙でした。

　この一打が出るまで畠山選手はあまり調子が上がらずスタンドにいるファンからもヤジがよく飛んでいました。不振にあえぐ畠山選手が起死回生の一発！　逆転満塁サヨナラホームラン!!　なかなか出くわすことのない瞬間！　これぞプロ野球の醍醐味!!　ありがとう畠山～～！　本当に野球って最後の最後までなにがあるかわかりませんよね。今季も9回2死から追いつくことや逆転する場面が何度かありましたからね！
だからこそ、最後の最後まで応援していこうぜと。応援したら通ずる時もある。スタジアムDJの仕事ってそういう気持ちをファンと共有していく側面があると思います。

　嬉し涙以外にも泣いてしまっています。試合そのものでも涙が出る時がありますし、ヒーローインタビューでせつないコメントを聞いてしまうと、もう。

　2008年のオフ、ユウキ（田中祐貴《たなかゆうき》）投手がオリックス戦力外からスワローズに入団しました。右肩痛で大変な苦労を経験した選手。育成契約から始まって、支配下登録して。超遅球で相手を手玉にとる投球を見せてくれました。独特の個性がある素敵な選手でしたねえ。忘れられない言葉があります。

「もし健康な右肩が1億円で売っていたら買う。絶対にローンで返せる自信があります」

重くて、切ない言葉。胸が締め付けられました。プロ野球史上に残る名言だったと思います。

タイムリー、いいプレーが出た時は思わずガッツポーズしちゃっていますね。試合中はずっと外野席、内野席の間にある「ブリッジ」というエリアにいます。マイクのスイッチをオフにしている時は普通にファンの皆さんと同じくらいの大声を出しますよ。「ヤッター！」みたいな感じで。

屋外でＤＪをするとファンの空気感を味わえる。もし、ガラスの中でしゃべっていたら「レッツゴー・ヤスシ！」も「シンゴー！」も絶対に生まれていないと思います。

3　ファンとの心温まるエピソード

僕がいつも立っているエリア「ブリッジ」。あそこでファンと仲良くなれるんです。

いつも来ている常連さん、少年野球の団体さん。外でしゃべっているのが珍しいのか、結構みんな寄ってきてくれて、小学生の子供たちがお菓子をよくプレゼントしてくれます。自分のお小遣いで買ったビスコ、歌舞伎揚げ。僕が好きなおかきを持ってきてくれたり、時には袋の口を開けたお菓子、フライドポテトを差しだして「1個食べる？」とおすそ分け。可愛いですよねえ。なので試合中、よくサインもしています。

みんなとハイタッチもしますが、試合で喜び過ぎて僕にチューをしにくる酔っぱらったオジサンもいます。そういう時は「もう勘弁してくださいよ」と（笑）。でも、気持ちはめっちゃわかります！

5回裏、ファンから選手への激励映像「応援メッセージ」を球場のビジョンで流していますよね。あの「応援メッセージ」でもいろんなことがあります。

ある年、子供の日に登場してもらったお子さんがバレンティン外野手にお願いしました。

「バレンティン選手が大好きです。ホームランを見に来ました。バレンティン選手、ホームランプリーズ」

メッセージの子供に向かって手を挙げて応えたバレンティンは次の打席で思いっきり本塁打をバーン。ベーブ・ルースみたいですよね。もう、カッコイイです。本当にカッコいい。

子供たちは大喜びですよ。別の子供達も、「僕も応援メッセージやりたい」「僕もやりたい」「私もやりたい」なんてワーッと殺到しちゃって、制するのが大変だったこともありました。

バレンティンが夢のある選手だからこそ、こういうこともあるんですよね。

ファンの方々とは普通の話もするんです。「残業で大変なんですよ、最近」なんて話をしに来る人も。僕も、「そうなんだあ、大変だね」と普通にお話ししています。

２００９年くらいに、女の子が専用のマイクをプレゼントしてくれたこともありました。当時は5歳だったんですけど、そこからもう6年。今、小学校高学年なんですよ。お姉ちゃんになっているんです。あそこに立っていると、子供達の成長も見ることができるんです。

最初に会った頃は小さかった子供たちが「野球を始めたよー」「中学、野球が強いところに受かったんだよ！」。そうやって報告してくれる。ちびっ子ファンの成長も見届けられるなんて嬉しいですよねえ。大人も「子供が生まれました。見てやってくださーい」「ファン同士で結婚したんです」などなど報告してくれるんです。親戚のおっちゃんになった気分です。すごくアットホームな感じがスワローズらしくていい。

僕が立つブリッジ、あそこにはドラマがあります。人間ドラマが。

２０１１年の応援メッセージでは、ある出来事がありました。ブリッジの近くにお座りの女性にインタビューをお願いして、どんな話をしようかと打ち合わせしました。

「神宮には初めて来たんですよ」

「どちらからいらしたんですか？」

「南相馬《みなみそうま》から」

「え、南相馬？」

「私、こっちに避難して来てるんです」

その女性は東日本大震災で被害を受けた福島県南相馬市から赤坂プリンスホテルに避難していた方でした。ずっとスワローズファンだったけれど遠方に住んでいたため、1度も神宮球場で生観戦したことがなかったそうで、球団関係者が避難所の方々にもしよろしければということで配布した無料招待券で観戦にいらした。彼女は応援メッセージでこんな話をしてくれました。

「南相馬から来ました。震災で苦しい状態なんですけれど、試合を見て勇気をもらいました。どうもありがとうございました」

球場全体が彼女への激励、そして被災地への思いに包まれました。スワローズには宮城県仙台市出身の由規《よしのり》投手もいますし、被災地に強い思いのある選手たちがたくさんいましたから。あの時、長年応援メッセージをやっていてよかったなと思いました。球団の方々が無料招待券を配ったこともよかったなと。すごく心に残っています。野球っていいなと、あらためてプロ野球のすごさ、素晴らしさを感じました。

4　地方球場で大興奮「壇蜜事件」

スワローズの主催試合で地方球場にお邪魔することもあります。最近で一番インパクトがあったのは、やはり秋田・こまちスタジアム。秋田といえば「壇蜜事件」です。

２０１３年8月11日のＤｅＮＡ戦で壇蜜《だんみつ》さんが始球式を務めてくれました。ユニホームの上着を着て登場し、マイクで挨拶をされました。地元出身ですし、秋田のお米「あきたこまち」のＣＭにも出演されています。観客の皆さんも「おっ！　壇蜜だ！」みたいな感じで盛り上がっていました。一方で、先発のクリス・ラルーは早く試合を始めたくてちょっとイライラしていたようにも感じられました。

やがてマウンドに立った壇蜜さんは、なんとラルー投手の真横でユニホームを脱ぎだして、あのスクール水着に！　ラルーはもうビックリ。顔が「Ｗｏｗ！」になっていました。

刺激的すぎる始球式が終わり、ラルーが投球練習を始めたら、もうボールがバラついていて制球が定まらない！　そのまま初回に4点取られて、ＫＯ。フビンでした。日本人選手なら壇蜜さんが来た時点でセクシーなことが起きるかも、と予想できますが、外国人選手には分からなかったのでしょう。本当にかわいそうでした。

地方球場では1つ、悩みがあります。

静岡・草薙《くさなぎ》球場です。２０１１年東日本大震災でナイターが出来なくなったシーズンから主催試合が行われています。僕としても地方遠征は毎年楽しみにしていて、なかなか会えないファンの方々と交流できるのも嬉しいことです。

ただ一つだけ、つらいことが。僕はひどい花粉症なんです。草薙ではちょうど春先に開催されますから、外でしゃべっている分、花粉の直撃を受ける。たぶん左翼にある杉の木ですかね。目に炎症を起こしてホントにつらい。静岡市内の眼科を３軒回って、最後の１軒で何とかなった、なんてことがありました。もし、草薙にいらっしゃる方は「パトリックは今、猛烈に花粉症と闘っている」と思いながら見ていただけると。ちゃんとアナウンスしなければいけないですから、〝絶対に負けられない闘い〟です。

地方球場ではありませんが、神宮球場で僕が最もアツかったなあと思うイベントはＦ１マシンの登場です。２００９年Ｆ１日本ＧＰの前くらいに来たんですよね。５回のグラウンド整備時に、三塁側ブルペンの横から轟音《ごうおん》とともにＦ１マシンがグラウンドに登場。ちょうどブルペンにはＪＦＫの藤川球児《ふじかわきゅうじ》投手、久保田《くぼた》智之《ともゆき》投手がいた時代。藤川投手は大の車好きだそうで、ガン見していましたね。僕はその横顔をガン見しつつ、グラウンドを駆けるマシンの迫力に大興奮してしまいました。あれはすごかったですね。球場をＦ１マシンが駆け抜けるなんて。前代未聞だったと思います。大迫力でした。また、ああいう感じのイベントを企画したいですね。

イベントといえば、つば九郎も大活躍しています。試合前のトークに参加してもらったり、一緒にコントっぽいことをやったり。打ち合わせはもちろん筆談。本当です。始球式のゲスト、さらに他球団の選手、監督とも絡むし、ある意味万能選手だと思います。

つば九郎はいろんなゲストの方々と絡んでいますが、一説によると、つば九郎は新日本プロレスのファンだとか。中でも故橋本真也《はしもとしんや》さん、武藤敬司《むとうけいじ》選手、蝶野正洋《ちょうのまさひろ》選手の「闘魂三銃士」が好きだと。鳥もベテランになると他スポーツにも詳しいんですね。ちょっと「鳥年齢」は分からないですけど……。

つば九郎は以前、故橋本真也さんの息子さん、橋本大地《はしもとだいち》選手からグラウンド上でシャイニング・ウィザードを受けたことがありました。おそらく本望だったと思います。

5　最初で最後のヒーローインタビュー～石井弘寿引退試合

スタジアムＤＪとしては常日頃から「この選手をコールしてみたい！」「こういうふうにアレンジしてみたい！」。そんなアイディアを温めている場合があります。

大好きだった選手を1回だけコールすることができた、という御縁もありました。現在2軍で投手コーチをされている石井弘寿《いしいひろとし》さんです。五十嵐亮太《いがらしりょうた》投手とのクローザーコンビ「ロケットボーイズ」の時代は、まだ神宮でＤＪをやる前だったので、プライベートでよく試合をスタンドから見ていました。

本当に大好きでした。球が速いし、とにかくカッコ良かったですから。

石井弘寿さんの引退試合は２０１１年10月25日の広島戦（神宮）。メジャーに行く話もありましたけれど、タイミング悪く左肩を痛めてしまって、結局行けなかった。石井さんがメジャーで活躍する姿、見たかったですね……。

全盛期は最速155キロを投げていた左腕が、引退試合では137キロ。もう何と言葉にしていいか分からないですけれど、僕は一ファンとして、石井弘寿さんが大好きでした。2008年からスワローズの仕事をさせていただいて、石井さんのコールが出来たのは、この引退試合が最初で最後。ずっとリハビリをされていましたから。

試合後にはヒーローインタビューにあがって〝初めてのヒーローインタビューだ〟とおっしゃっていました。言われてみて、僕も「あっ、そうか」と。クローザーは抑えるのが仕事ですから、お立ち台に上がることが非常に少ないですよね。打たれた時だけ目立ってしまう。その最初で最後のヒーローインタビューに立ち会えたこと、そして名前をコールさせていただいたこと。スタジアムDJ冥利に尽きる瞬間でした。

現役時代の真中監督のコールも、もっとやりたかったと思います。

僕がDJを始めたシーズンの終わりに引退されたので、試合ではコールできるチャンスがあまりなかったんです。同時に、真中さんは打席に入るのがものすごく早いという特徴がありました。ネクストバッターズサークルから、もしくは代打の時はベンチから打席へ入る時に超高速でスタスタ歩く方なので、言葉を挟む余地がなかったんです。

例えば、ウグイス嬢が「代打、真中、背番号31」と読み終わる頃にはもう打席に立っている。「レッツゴー・真中」とか言うヒマがない。まさか「ゆっくり歩いてください」とお願いするわけにもいかないので、なにか工夫はできないかなあと考えましたが、開発できないままでした。

スタスタスタ、クルッ。

腰で回転する独特の打ち方でしたよね。あの打法も好きでした。でも、コールで工夫できなかったことは心残り。今季の優勝に向けて、何か監督のコールを考えておきます！

第3章　スワローズ中毒への入口

1　スワローズとの出会い

　スワローズとの出会いは、かなり幼い頃です。生まれが東京・千駄ヶ谷で、神宮球場の近くに住んでいました。ですから、気が付いた時には身近にスワローズが存在していました。日曜日になると今も昔も、外苑の外周が歩行者天国になる。僕も物心がつかない頃から、補助輪をつけた自転車に乗って外苑を回っていました。

　その時は幼すぎて野球に対しても、スワローズに対しても興味はなかったんですけれど、子供心に不思議に思っていたことがありました。神宮外苑の外周で自転車に乗っていると、スワローズの選手たちがユニホームを着たまま普通に歩いて、道路を横断していく。今となれば室内練習場、コブシ球場で練習した後にクラブハウスへ戻っているだけなのですが、当時は不思議に思いました。

「えっ、なんで選手が普通の道を歩いてるの？」

それがスワローズへのファースト・インプレッションです。

よく考えてみると、今でも選手が公道を歩いて、もしくは自転車に乗って横断する光景は他球団ではあまりない。ファンも穏やかにその姿を見守っている風景はスワローズならではですね。

5歳の時に東京・千駄ヶ谷から兵庫・神戸《こうべ》へ引っ越し、小学生になって野球を始めました。当然プロ野球にも興味を持ってきます。関西なのでどうしても阪神、阪急に魅かれがちでした。阪神の掛布《かけふ》雅之《まさゆき》さんが好きで、モノマネばっかりやっていました。

そんな中、スワローズにとても気になる選手ができました。大杉勝男《おおすぎかつお》さん。「月に向かって打て」の大杉さんです。東映から日拓、日本ハムを経て75年にスワローズへ移籍。当時僕は子供だったのに、「月に向かって打ったらファウルやがな」という、福本豊《ふくもとゆたか》さんのレジェンド解説も覚えました。

好きになったのは、78年日本シリーズの阪急戦（後楽園球場）がきっかけです。最初は阪急に愛情を持ってテレビにかじりついていたのですが、そこで大杉さんが僕に衝撃を与えてくれました。スワローズは日本シリーズ初進出で、当時の監督は広岡達朗《ひろおかたつろう》さん。第7戦では大杉さんのいわゆる「疑惑の本塁打」が出て、当時の阪急・上田《うえだ》利治《としはる》監督が猛抗議して1時間19分中断。その本塁打が衝撃的で、ああいう打者になりたいと強く思いました。背番号8をつけて、バッティンググローブもせず素手で打つ姿。それがカッコ良かったんです。子供ながらに左打ちにこだわっていましたが、大杉さんを真似て右打ちに変えるくらい大好きな存在になりました。そこから、俄然スワローズが気になってきたんですよね。

特に90年代の黄金時代のスワローズはすごく楽しそうでした。一番注目していたのは池山隆《いけやまたか》寛《ひろ》さん。出身が関西の兵庫・尼崎《あまがさき》市だったこともありますし、あのフルスイングはもう最高。ブンブン丸というニックネームもマッチしているなあと。大好きでした。

長嶋一茂《ながしまかずしげ》さんのこともマークしていました。93年には巨人へ移籍されましたが、プロ野球の番組でよく取り上げられていましたよね。「いいグローブ持っているのに、なんで捕れないのかなあ」みたいな感じで。池山さん、広澤克実《ひろさわかつみ》さんからよくいじられていたのを覚えています。「プロ野球珍プレー好プレー」には絶対出ていたし、スワローズって本当に楽しいチームだなあと。ノムさんこと野村克也《のむらかつや》監督という絶対的な監督がぼやきながらすごく厳しい指導をしながらも、選手たちが超明るいイメージなんです。

女性にも大人気でしたよね。池山さん、岡林洋一《おかばやしよういち》さん、古田さんたちの写真集が出版されていましたから。パジャマ姿もあるアイドル写真集みたいな内容で。今、こういう写真集を出版できる選手は球界に何人いるんだろうと考えたら、スワローズの人気ぶりはすごかったですね。

でも、すみません！　95年日本シリーズはオリックスを応援していました。結果として、あの「小林《こばやし》（宏《ひろし》）VSオマリーの14球」があったシリーズです。

僕は阪神大震災が起こったその年、神戸に住んでいました。オリックスは「がんばろうKOBE」を合言葉に、イチロー選手を擁する仰木彬《おおぎあきら》監督でリーグ優勝。あの日本シリーズは震災で被害を受けた神戸に元気を、というムードで迎えました。あの時は正直、「神戸はこういう状態なんだからオリックスを日本一にさせてよ」と願ったりしましたが、4勝1敗でスワローズの勝利でした。圧勝です。そこから「やっぱり強い！」という気持ちに変わってきて、改めてまたスワローズをより注目するようになりました。

2　実はプレーイングマネジャーなんです

小学校から野球を続けています。今でもずっと。小学校はインターナショナルスクールで野球チームがなかったため、自分でチームを作りました。草野球に毛が生えた程度でしたが、自分で監督兼投手兼4番。とってもワガママなことをやっていましたね。

今は草野球チームで監督をやっています。チーム名は「ゼッツ」。メンバーは役者さん、声優さん、飲食店の仲間たちです。「東京芸能人リーグ」というリーグで、神宮の軟式野球場で試合をしています。今春の開幕戦では開幕戦完封勝利をさせていただきました！

神宮の草野球チームでプレーしている芸能人といえば、茜リーグのチーム「クラッシュ」に所属している柴田恭兵《しばたきょうへい》さんが有名ですよね。村中恭兵投手がコブシ球場で練習中、柴田恭兵さんとたまたま出会って「恭兵そろい踏み」が実現したこともありましたよね。

柴田さんのチームとはリーグが違いますが、僕が対戦する相手チームには元プロ野球選手が在籍している場合もあります。「ライターズ」には元中日・平野謙《ひらのけん》さん、オリックスで3年間プレーした庄司龍二《しょうじりゅうじ》さん。以前、古木克明《ふるきかつあき》さんが助っ人で来て対戦したことも。平野さんはもともと投手なんですよね。犬山高校、名古屋商科大学でエースとして活躍されて、プロ入り後に打者転向。対戦していると、打撃はもちろんすごい。「東京芸能人リーグ」では打率9割ぐらい打っていています。軽くパーンと振っているように見えるのですが、打球がものすごい！　たまに投手をする時もありますが、これがまた、まったく打てない。平野さんは今年で60歳。でも、僕達は打てないし、打たれるし。やはり、プロ野球選手はすごいということを肌で感じています。

仕事でも、プライベートでも野球漬けです。

スワローズの仕事をさせていただくようになってから、自分の野球との向き合い方も変わってきました。例えば、作戦面はよく考えるようになります。1点ビハインド、無死一塁の場面。走者はあまり足が速くないヤツで、打者はバントがあまりうまくないから空振りもある。そこでどういう作戦を立てるのか、どういうサインを出すか、守備隊形はどうするのか。

あと、勝手に見習っているのは監督、コーチの「炎の一言」です。プロ野球の監督、コーチはピンチを迎えたマウンドの投手、もしくは低迷している打者に対して気持ちを上げる一言を伝えることがあります。そこは真似していますね。

「たかが草野球」ではありますが、「炎の一言」ってすごいと思うんです。こんな時、あの監督、あの選手ならなんて言うだろう。そんなことを考えていると「炎の一言」は僕達の生活だったり、仕事だったり、人生の場面場面で応用できるような気がしています。

3　妻がドラゴンズからスワローズファンへ

私事ではありますが、２０１４年夏に結婚しました。

妻とは野球が御縁です。といっても球場で出会ったわけではなく、東京・下北沢《しもきたざわ》の沖縄レストランバーで出会いました。２人とも行きつけで、そのうち顔を合わせるようになったんです。

彼女は学生時代にソフトボールをやっていて、昔も今も野球が大好きです。出会った時は川上憲伸《かわかみけんしん》投手の大ファン、という話を聞きました。中日自体も応援していたようですが、中日というチームよりも川上投手の大ファン。安定感のあるピッチングが大好きだと熱弁をふるっていました。最初は、僕が神宮球場でスタジアムＤＪを務めていることを知らなかったみたいです。妻の会社が千駄ケ谷にあったので、よく神宮球場に１人で見に来たりしていたそうですが、球場で「レッツゴー・ヤスシ！」と言っている僕と、レストランバーで会う僕が一致しなかったようで。

お店の人達ともお互い仲が良く、野球の話をして盛り上がっているうちに付き合うようになり、ドラゴンズファンからスワローズファンへと変わりました！

今年1月には長男が誕生しました。名前はライアン。由来はもう、その通りです！　ブログでも報告させていただきました。ライアンとつば九郎のぬいぐるみが並んだ写真をアップしたら、後日ファンのかたから「ぬいぐるみは球団からもらったんですか？」と質問を受けました。

実はあれ、妻がファンクラブ「スワローズクルー」の会員になって、試合をせっせと見に行ってポイントを貯めてもらったヤツです。年間50試合は神宮に来ていましたから。ポイントも貯まってつば九郎のぬいぐるみがもらえるくらい、すっかりスワローズファンになってくれました！

4　ベスト投手陣

僕がＤＪになった２００８年からのベストメンバーを選ぶとすれば、まず先発はやっぱり石川雅規投手です。２００８年の開幕カードの巨人３タテも忘れられないのですが、小柄な体でプロ13年間のうち10シーズンで2桁勝利。すごいことです。熱い魂、抜群のコントロール。素晴らしい投手だと思います。

見た目と中身が全然違うというギャップにも魅かれます。見た目はどちらかといえば穏やかで皆の話をよく聞いて、みたいなイメージですが、実はチーム一の負けず嫌い。安打を打たれたりするとマウンドでカッカカッカきて、マウンドに集まってきた選手、ベンチから来た投手コーチの話をまったく聞かないそうです。野手がエラーした場合、最近は投手は「いいよ、いいよ」という仕草をすることが多いですが、石川投手はその仕草もないし、そっちを見ない！熱いぜ、石川投手！

あとはロージンの量が多いですよね。いや、多いというだけなんですけど、体に悪いんじゃないかと勝手に心配しています。毎回触って、一度てのひらの上でバウンスさせて、また取って。最後はてのひらの粉をフーッと息で飛ばす。投げる時には左側の空間が真っ白ですよね。ピンチになればなるほど使用頻度が上がる気がするので、もしかしたらカッカきている時なのかもしれません。左側がモッコモコになるので、見ていると「忍者」という言葉が頭に浮かんだことがあります。

マウンドを降りると、言葉の使い方が非常にうまい。インタビューも言葉のセレクトにセンスがある。そこにジョークも入れられる。脱帽です。

僕が神宮外苑をジョギングしていると、同じように走る石川投手とよく顔を合わせていました。その時、僕の妻が自転車でよく伴走していたんです。

そうしたら、昨年8月10日「パットの日」の結婚披露宴で、石川投手からの祝福ビデオメッセージが「よく伴走していた女性がいたんですが、あれは奥さんなのか、愛人なのか、みんなでよく話題になっていました」

かなりウケました。石川投手、ありがとうございます！


中継ぎなら押本健彦《おしもとたけひこ》（２０１４年引退）さん。すごかったですね。僕がいつもしゃべっているブリッジからブルペンがよく見える。押本さんが投げている球は重たそうだし、スピードも速い。キャッチャーミットが聞いたこともないような音を出していました。押本さんがスワローズで活躍されていた頃は、先発が6回までいって、松岡健一《まつおかけんいち》投手、押本さん、五十嵐投手、林昌勇投手の流れでしたよね。押本さんは3年連続で65試合以上投げていましたから、勤続疲労もあったのでしょう。ロングリリーフもありで、頼りになる存在でした。

河端龍《かわばたりゅう》さんも好きでした。僕が入った年に引退されたのですが、その前から神宮はよく見に行っていました。背番号70、体は小柄なのに1イニングぴしゃりといい仕事して帰るんですよね。球のキレもすごくて、スワローズらしい雰囲気のある選手で、登板するのをいつも楽しみにしていました。

抑えはやっぱり林昌勇投手！　チームをクライマックスシリーズ（ＣＳ）までもっていった

感はありました。1点差で勝った試合がとても多かった。

　僕が観客席で見ていた頃ならベストクローザーはもちろん高津《たかつ》臣吾《しんご》さんですが、ＤＪ就任後なら絶対、林昌勇。あの００７のテーマ曲に乗ってマウンドに行く姿。カッコ良かったですね。

　本当に打たれない抑え。右の横手投げで１５７キロの豪速球。練習からして、ちょっと違うんです。遠投は毎日１００メートル以上は投げていましたね。受ける方は一発で返せないので、間に１人入って返球するんですよ。あんな球を18・44メートルの距離でサイドから投げられたら……。恐怖ですよね。

5　ベストオーダー　※敬称略

これは難しい。２００８年以降のベストオーダー。まずは1番をどうするか。青木！……いや、山田かなあ。「1番　二塁　山田」「3番　中堅　青木」にしましょう。あれ、じゃあ「シンゴー！」はどうしよう。悩みますねえ。皆さんだったらどうしますか？

　2番はもう決めています。もちろん「2番　遊撃　宮本」。4番はとにかくバレンティン、5番に三塁で「シンゴー！」にしましょう。そして「6番　一塁　畠山」。

　ポジションの兼ね合いもあるから悩みますね。入れたい選手がたくさんいるから。セ・リーグですが特別にＤＨ枠があることにして、田中浩康、誉士、福地、川島《かわしま》慶三《けいぞう》、ユウイチ、真中、宮出、今のコーチ陣みんなを入れることにします。

さて、７番はどうしましょう……。

捕手はやはり「８番　捕手　相川」ですかね。

そうだ、ガイエルを入れよう！「５番　右翼　ガイエル」。それでバレンティンは左翼に。

これで出来上がりです。

（④山田⑥宮本⑧青木⑦バレンティン⑨ガイエル⑤川端③畠山②相川①石川）


いやいや、忘れてはいけない人を忘れるところでした。アーロン・ガイエル。四球、出塁率が高く「魔空間」と呼ばれていました。必ず何かを起こすイメージがありましたね。以前、ガイエルがラリアットをしたら、つば九郎の首が取れたことがありましたよね。最高に面白かった！　つば九郎はコロコロ転がる頭を一生懸命追いかけて、拾った頭をくるりんぱ。でも、その試合でガイエルはサヨナラ本塁打。さすが元ニューヨーク・ヤンキース、やりますね。

今季期待するという点は若手選手です。まずは西田明央《にしだあきひさ》捕手。レギュラーは中村悠平《なかむらゆうへい》捕手ですから、脅かす存在になってほしいという思いを込めて。２年前から体も大きくなってきたし、打撃もいい。さらに笑顔もステキ。なんせ腰回りのぶっとさがいい。体がすごく強い感じがしますね。

あとは児山祐斗《こやまゆうと》投手。昨年２軍戦に何度かアナウンスに行った時、彼はずっとボールボーイをやっていて、いつも笑顔。やらされている感がない、本当にいい子だなあと思いました。新入団選手発表の時の彼の言葉も覚えています。

「僕を女手一つで育ててくれたお母さんに……」

僕自身も母子家庭で同じ境遇。そういうことを堂々と新入団記者発表で言えるのは本当に親に感謝していて、お母さんを大事にしている、そしてお母さんも彼を大事に育てたんだなと。そんな思いが伝わってきました。大場達也《おおばたつや》投手もお母さん１人で育てられたと聞いています。大学時代は居酒屋で凄腕店員になるくらい一生懸命アルバイトをしていたと。彼らには頑張ってほしいと思っています。

僕自身としては今季、場内演出を工夫していこうと考えています。業務的なことではありますが、演出スタッフが一新されました。これまで7年間の路線に多少変化したものも取り入れたいなと思っていましたので、いろいろ挑戦していこうと思います。ファンの皆さんが球場に来て楽しめる。それが僕達の仕事ですから。ファンにとっての一番はいい試合、いいプレー、勝利ではありますが、また球場に楽しいから行こうかなと思ってもらえるように今年はより一層頑張っていきたい。

でも、残すところは残しますよ。もちろん勝利の「関東一本締め」は続けます。選手、ファンの皆さんが一緒に行う儀式ですから。あとは「レッツゴー、ヤスシ！」「シンゴー！」はもちろん。

シーズン中でも、チャンスがあれば何か新しいものを作っていこうと、常にアンテナを張っています。僕の方から選手に「こういう登場曲はどうですか」「ここでこういうふうな盛り上がりをやっていけたら」とプレゼンしていくのもいいかな、なんて思ってるんです。

何かより一層いいアイディアがあったらご一報ください！　江花ブルペン捕手にもアドバイスを仰ぎたいと思います。

今度はぜひ、日本シリーズの舞台でしゃべらせていただきたい！　最後まで優勝目指していきましょう！

Ｇｏ　Ｇｏ　Ｓｗａｌｌｏｗｓ！

第4部　スワチューの激烈対談　坂東亀三郎VS.パトリック・ユウ

【開幕直後】

坂東亀三郎（以下、**亀三郎**）　神宮開幕戦は見に行きました。打順も早い段階でいじりましたね。4月1日の阪神戦（神宮）でいきなり大引啓次《おおびきけいじ》さんを外したのはもう少し我慢するべきだったんじゃないかなと思います。開幕2カード目でしたから。

パトリック・ユウ（以下、**パト**）　そうですねえ。

亀三郎　そこが今年の面白さなんですかね、絶対的なはずの開幕オーダーが変化するというところが。ミレッジのケガもありましたけれど、既に外野がコロコロ変わったじゃないですか。

パト　ミレッジは土壇場で出場できなくなったんですよね。17時半を回ってからダメになって。もうスタメンのメンバー交換は終わった後でしたが、ミレッジなしでもう1回新しいオーダーを組ませてくれないかという意見もあったようですが、やはりダメで。

亀三郎　ルールですからね。そこはしょうがない。

パト　それで起用した田中浩康《たなかひろやす》さんが活躍！

亀三郎　うまくハマりましたねえ。開幕スタメンの右翼手はユウイチさんでしたから。17年目！

2人　はじめての開幕スタメン。

亀三郎　今の段階ではユウイチさんの外野守備がちょっと想像できないんです。

パト　4月1日の試合ではなぜユウイチさんを左翼にしたのかなと思ったですよ。彼はほぼほぼ右翼で練習していたじゃないですか。で、開幕スタメンから変えた時には浩康さんを右翼、ユウイチさんを左翼に。それがクエスチョンマーク。

亀三郎　自分も分からないです。

パト　浩康さんはキャンプの時も外野は左翼でノートノックを受けていたイメージがあるんですけど、どうしたんすかね。

亀三郎　あとはオープン戦で藤井亮太《ふじいりょうた》さんを使っていたので、早い段階で一発使うかと思って見ていましたが、まだでした。

パト　そういえば、今年は投手の代え時はスパッといきますね。

亀三郎　早いですよね。引っ張っていない。

パト　昨季までなら結構引っ張りますよね。今年は神宮開幕戦でも徳山武陽《とくやまたけあき》投手がピンチになった時、すぐに秋吉亮《あきよしりょう》投手に代えたり。

亀三郎　先発のロマンは5回で終わって。

パト　投手起用の変化は、ほかの試合でも感じられますよね。投手交代のタイミング以外では、真中満《まなかみつる》監督はジグザグ打線が好きみたいですね。後ろのムーチョ（中村悠平《なかむらゆうへい》）、大引選手は固定だとして、その打順より上は全部ジグザグにこだわっているなあというふうに感じました。

亀三郎　そうですねえ。川端慎吾《かわばたしんご》さんをいじらずに、という感じですよね。

パト　バレンティンを3番に置いて雄平《ゆうへい》を4番。バレンティンが歩かされることを考えているのかも。

亀三郎　まあ、でも、打順はまだ分からないですね。始まったばかり（※対談は4月4日）ですから、これから変化して、ある時点から見えてくるんでしょうね。

パト　いろいろ昨年とは変化が出て来ました。

亀三郎　場内演出も変わりましたね。バズーカタイング間のパフォーマンスとか。バズーカタイムも昨季とは違うタイミングで入ってきましたよね。

パト　試合開始前の「バズーカタイム」という区切りがなくなりました。つば九郎が自由にやっています。

亀三郎　新マスコットの「トルクーヤがいた！」って感じもしましたね（笑）

パト　ハハハ！　今季は5回表終了に「EZ　DO　DANCE」で振付ダンスしましょうということになりました。あれはどうですか？

亀三郎　やるならオリジナル曲でやってほしかったです。

パト　「EZ　DO　DANCE」は30代後半とか40代の人は盛り上がっていたような気がします。

亀三郎　そうですね。昨季よりも動きやすい振りに変わっています。ただ、最初はみんな唖然としていましたけどね。「？」みたいな（笑）。それでも、みんな動いているという（笑）

パト　ところで神宮開幕戦では、試合開始30分前ぐらいにビジョンで監督、選手のコメント映像が流れましたよね。そこで全員「優勝」って言葉を口にしているんですよ。なので、僕もオープニングトークで絶対「優勝」という言葉を出そうと決めていました。「今年は絶対優勝するぞ！」と。

亀三郎　畠山和洋《はたけやまかずひろ》さんもヒーローインタビューで「言える立場じゃないですけど絶対優

勝します！」って言っていましたもんね。外野では〝畠山が言ったぜ！〟という感じで盛り上がりました。どうしちゃったんだろうって（笑）。ここ何年かは聞けない言葉でしたからね。

パト　優勝という言葉を開幕からみんな声に出しているっていうのはすごくいいんじゃないかな。

亀三郎　ファンは毎年変わらず、「優勝しよう」と言っていますから。負けていても最後まで応援しますし。例年よりカープ女子の影響なんでしょうか、ちょっと女子も増えて盛り上がっていますよ。

パト　応援団のラッパの数も増えて。赤のユニホームを着ている「ツバメ軍団」の数も増えましたね。

【私だけが知っているスワローズ情報】

亀三郎　１００％ではないですけど、風が右翼から左翼に吹いている時に旗がパタッて落ちて、今度は左翼から右翼へ吹くと雨が降りやすくなりますよね

パト　えっ！　いったん風が止んで逆風になると？

亀三郎　そう、旗がストーンって落ちて逆風になると雨が降ってきます。

パト　えーっ！

亀三郎　それを見ると「きょう、雨降るっぽいよね」みたいな話をしています。見ていると、だいたいそれが当たるんです。

パト　ええーっ！　意識したことなかった。そうなんですね。

亀三郎　僕は外野の上で立って見ているので、一番風を感じるんです。……寒いんですけど（笑）

パト　アルファベット○の辺りでしたっけ。

亀三郎　そう、○とか○とか。

パト　僕もオープン戦の時に1回お邪魔させていただきました。あそこ、楽しいですねえ。

亀三郎　楽しいですよ～。

パト　みんな家族みたいで。おっちゃんが焼酎を渡してきて「おい、飲むか、飲むか」みたいな。

亀三郎　4つぐらいグループがあるんですけど、みんな仲がいいんです。

パト　選手の応援歌に乗って独自の振付とかをやっていて。面白いですね、あそこは。

亀三郎　点が入るとみんなでハイタッチをするので、どんどん移動していくんですよ。結果、みんなごちゃごちゃになる（笑）

パト　また行ってみたいなあ。

亀三郎　「私だけが知っているスワローズ情報」は裏方さんでいえば、打撃投手・佐藤《さとう》賢《まさる》さんの背番号は体重だとかいう都市伝説。

パト　アハハハ、それいいですね。

亀三郎　「お前がなぜ、１０９なんだ」っていうツッコミが（笑）

パト　渋谷のマルキュー（笑）。賢さんは純朴なイメージの方ですから。

亀三郎　球団は１０９とつながっているんだから、背番号１０９は渋谷っぽい人にしてみては（笑）

【ファンサービスがいい選手】

パト　川端慎吾さんはファンサービスいいですよね。練習終わってクラブハウスへ行ったところでファンがサインを求めると、彼は必ずサインしていますよね。
亀三郎　館山昌平《たてやましょうへい》さんもそうですよね。
パト　意外とバーネットも。
亀三郎　へえ！
パト　バーネットはあまりしなさそうかもしれませんが、実はナイスガイで、ジョーク好きで。

坂東亀三郎

亀三郎　この前、大引さんが９回に暴投（４月17日ＤeＮＡ戦）したじゃないですか。その瞬間に外野席はみんな「バーネット、落ち着け、落ち着け」って言っていたんですけど、うちらのグループは「寒いから大丈夫だ！　熱くなる前に冷える！」って（笑）。ロージンバッグの投げ方で怒っているか怒ってないか分かりますからね。
パト　アハハハ。ゴメスのハーフスイングも「ノースイング？」みたいな感じで前のめりに言っていたけど、落ち着いていたから「おお、今日のバーネットは違うぞ」みたいな感じでしたね。
　そうそう、川端選手のお父さんは昨年の春季キャンプに最初から最後までほぼいらっしゃいました。その時にお父さんが「プロ野球選手になった時のことを考えて、名前は絶対ひらがなにしたら3文字になるように決めていた」と。3文字の方がみんなに覚えてもらいやすいし、コールもしやすいからって。「だから俺は名前を〝じんご〟とつけたんだ。宮本慎也《みやもとしんや》さんもそうだろう？〝じんや〟だろう？」って。

亀三郎　古田敦也《ふるたあつや》さんも〝あつや〟ですもんねえ。

パト　4文字だと、ちっちゃい子供は言いにくいみたいですね。畠山選手を「かずひろ」と呼ぶファンはいないですよね。

亀三郎　やっぱり3文字。みんな畠山選手の名前を呼ぶ時は「はたけ」で終わりですから。続きの「やまかずひろ」はないですからね（笑）

パト　「かっ飛ばせー、畠山」だと、スタンドのちっちゃい子供は「かっ飛ばせー、はたけ◆@…」になっちゃって、最後まで言えていないんですよね。

【巨人への対抗意識】

亀三郎　あまのじゃくなのでアンチ・ジャイアンツではありますが、弱いジャイアンツは求めていないんです。巨人の上にいたいんですよね。スワローズが優勝する時に巨人がBクラスで優勝するのではなく、巨人が2位でいる状態で優勝したい。ジャイアンツが最下位で、スワローズが1位ってちょっと違うような気がするんです。優勝したらもちろん嬉しいですが、2位の巨人と競り勝って優勝なら、すごく嬉しい。

パト　弱い巨人じゃなくて、強い巨人の上にいこうよと。

亀三郎　でも、なんか年々巨人色って減っていますよね。特にこのオフはＦＡのお金も使わなくなってきたし、意外と投手陣も育成とかから出てくる選手も多いし。今は昔ほど絶対的存在ではないのかなとも思います。

パト　スワローズファンとしては、やはりグライシンガーとラミレス、エースと４番が取られたこと。あの時が巨人への対抗意識がピークだったのかな。

亀三郎　その前にもハウエルを取られたり。結構スワローズファンは外国人選手に思い入れがあったりするじゃないですか。ラミレスもそうだし、みんなバレンティン、ミレッジ好きだし。

パト　スワローズファンはガイエルも好きですよねえ。

亀三郎　友達くらいの気持ちの距離感でいるから、他球団へ移籍しても「……行っちゃったんだ」みたい気持ちで割り切る部分はあります。まぁ、今は大リーグの移籍のニュースも見ているし、日本でも他球団へ移ることが当たり前になりましたからね。昔は敵チームへ移籍することはあまりなかったですから。

パト　スワローズファンの巨人への対抗意識はどこからくるんでしょうね。

亀三郎　強いものへの憧れもあるから、逆にアンチになっちゃってる部分もあると思うんですよ。スワローズファンはあまのじゃくだったり、判官びいきだったりする部分があるから。

パト　巨人戦になると燃える選手もいますよねえ。

パトリック・ユウ

亀三郎　昔みたいにテレビで巨人戦だけを中継しているわけではないけれど、今も「巨人キラー」という言葉はありますからね。

パト　宮本慎也《みやもとしんや》さんは絶対巨人に勝ってやる、巨人戦の勝利は同じ1勝でもまた違うというモチベーションを持って戦っていたじゃないですか。今なら石川雅規《いしかわまさのり》さんもたぶんそうだと思うんです。他のチームを倒すことにももちろん一生懸命なんですけど、その中でも、特に巨人を倒してやるという意識が出るプレーを見ると、アナウンスしてても「よっしゃ」と思って、いつもの声よりもワントーン上がっちゃったり。僕個人も巨人戦への意識はありますねえ。

亀三郎　巨人に勝つと酒がうまい！

パト　確かに！

亀三郎　スワローズファンは基本的、みんなオレンジ色のものは持たないですよね（笑）。球場にはもちろん、私物としても。

パト　僕もそうですね。オレンジ色のものはないですね。うちの妻はスーパーでストローをまとめ買いした時に、オレンジ色だけ捨てている（笑）

亀三郎　そういう人が多いんですよ。ＬＩＮＥスタンプでもウサギを使わないとか……だからなんなんだよっていうところもありますけど（笑）。以前、ウサギのスタンプをダウンロードして使ったら、友達から「回し者か？」って返事が来て。僕はそれから使ってないですもん。

パト　スワローズファンとしては、ツッコミたくなるところです。

亀三郎　「進撃の巨人」とか読まないッスもん。試合を長年見ているから相手の応援歌を覚えてきますよね。カッコいい応援歌だとちょっと歌っちゃったりするんですが、巨人の応援歌は口に出してつぶやかない。

パト　阪神の大和《やまと》選手とかカッコいい。

亀三郎　そうですよね、あれは盛り上がりますよね。あと、スワローズファンは球場に来てからユニホームを着る人が多いんですよ。ユニホームを着て電車に乗っている人が少ない。でも、巨人ファンはユニホームを着て球場に来ますよね。背中に「ＳＡＫＡＭＯＴＯ」「ＡＢＥ」って書いたまま、みんな電車に乗って来るじゃないですか。で、帰りに脱いで帰るところを見るとすげえ嬉しいなって（笑）

パト　巨人ファンも負けた試合は脱いで帰るんですね（笑）

【わが心の外国人選手】

亀三郎　やっぱりホージー、ホーナー。ホージーはヘルメットのプリクラ、そして「アイーン」。面白い選手でしたよねえ。ファンからネット越しにプリクラをもらって練習していないのに打つという。最近だと林昌勇《イムチャンヨン》。林昌勇はいやあ、すごかったですからね。

パト　１点差で出てきてピシャッと抑えて

勝つ。特に2011年、ずっと首位を走っていたのは林昌勇がいてこその勝利の方程式でしたよね。

亀三郎　サイドで160キロ近い球を投げられたら、もうすごいですよね。あとは昔の選手ならレオン。

パト　レオン！　懐かしい。

亀三郎　名前だけで言ったら「アイケルバーガーってどんなおいしいハンバーガーなんだろう」って子供の頃、思っていましたよ。

パト　ハハハハ。ハンバーガーみたいで。

亀三郎　どんな投手なんだろうと思ってワクワクしていたら、いきなり巨人の呂明賜《ろめいし》に一発でガーンといかれましたけどね。ほかにも左投げで16番をつけていたバートサス、バニスター……ブロスもすごかったですね。

パト　ブロス、でかかったですねえ。ペタジーニはどうですか。

亀三郎　奥さんの方が強烈でしたねぇ。それでも話題になるっていうのはすごい。あとはゴンザレスとか。

パト　ゴンザレスはもともとショートやっていたらしくて。投手陣がノックを受ける時に遊撃のポジションへ普通に入って、すげーイイ球投げるんですよ。「もともと俺は守備でドラフトにかかったんだよ。投手をやったのはむしろ最近なんだ」って話してて。実際、打撃がめちゃめちゃ良いんですよね。

亀三郎　良かったですよねえ。

パト　彼は優しいところがあるんです。見た目はいかついB－BOYですけど。

亀三郎　へぇえ。見かけと違いますね。

パト　クラブハウスの近くにいた人の車いすを押したり、子供達に優しかったです。

亀三郎　ガイエルのファンはいまだに外野に多いですよ。まだユニホームを着ている人がたくさんいます。エール交換する時もガイエルの曲を流したり。

パト　つば九郎ラリアット事件、ありましたよね。

亀三郎　僕、ベンチ上で見ていました！

パト　ガイエルがつば九郎にラリアットをしたら、頭が飛んで転げていって。

亀三郎　本当に首がポーンと飛びましたからね！

パト　アハハハ。

亀三郎　外野まで転がらなくて良かったですねえ。あの瞬間、つば九郎じゃない何かが見えましたからね。

パト　あれは最高に面白かったです。

亀三郎　ほかにもウィルソンとかいましたよね。城石憲之《しろいしのりゆき》さんがまだ現役の頃。シーズン途中で台湾から来て、そのシーズンで終わっちゃいましたけど。

パト　その頃ならデントナもいました。「レッツゴー、ジェイミー！」

亀三郎　デントナもいいバッターでしたねえ。僕は街で「テナント」という表記をよく「デントナ」と読み間違えます（笑）。パトさん、外国人選手と交流はあるんですか？　英語話せるから話しかけてくるとか。

パト　ええと、クリス・ラルー。

亀三郎　アハハ、壇蜜《だんみつ》さんにやられましたよね（笑）

パト　クリス・ラルーは一緒に歩いて帰った時に「明日タトゥー入れに行くんだ」って張り切っていました。

亀三郎　ダハハハ！

パト　「もうすぐ完成なんだよ」なんて。タトゥーにとてもこだわっていました。

亀三郎　歩いて帰る外国人選手が多いですよね。球場入りも、タクシーに乗ってくるけれど、途中で車降りてクラブハウスまでは歩いてくる。

パト　バーネットは自転車だし、ミレッジも自転車を買ったんですよ。ココは60本打つ前は普通に自転車や徒歩だったけど、さすがにキングになってからはお迎えの車が来たりしていました。でも、基本はみんな歩いていますね。

亀三郎　思い出のある選手はいっぱいいますよ。デシンセイ、ブロハード、ジョニー・レイ。スワローズの外国人選手はホーナーみたいに現役バリバリのメジャーリーガーは珍しくて、３Ａで活躍した選手を見つけてくる感じ。

パト　奥村政之《おくむらまさゆき》さん（国際担当）が見つけてくるんですよねえ。

亀三郎　ラミレスは左翼に打球が上がると右翼席が悲鳴を上げるというパターンが恒例でしたよね。普通に捕ったのにファインプレーくらいの拍手が送られる（笑）。そういうものだと思っていたので、ミスをしても何とも思いませんでした。スワローズの外国人選手は他球団ファンからも愛されますよね。ガイエル、ホージー、バレンティン。

パト　明るい選手が多いですよね。バレンティンなんか、中日戦の時によく谷繁元信《たにしげもとのぶ》さんに自分からしゃべりかけに行ってますよ。

亀三郎　ええ～！

パト　谷繁さんは威厳があるので、自分から話しかけに行きにくいじゃないですか。でも、バレンティンは気軽に行ってしゃべったり、いじったり。結果、もちろんいじられて帰ってくるんですけど、最初は自分から絡みに行くんですよ。

亀三郎　愛きょうありますもんねえ。

パト　バーネットはマウンドでは短気なイメージかもしれませんが、まったく違います！　通訳の近藤広二さん、藤沢剛さんもおっしゃることとですが、マウンド以外はホント、いいヤツなんですよね。

亀三郎　何にもない時は普通ですもんね。

パト　本当にナイスガイ。

亀三郎　マウンドの上でささいなことに怒るだけで（笑）

パト　そうです！　プロ意識が高いということもあります。以前ベンチでバレンティンと言い合いになったことがありましたよね。あれはバレンティンがちょっと怠慢のプレーをしたから。そういうプロ意識を強く持っている選手だと通訳の人からも聞きました。

亀三郎　出稼ぎ根性みたいな気持ちで日本へ来てたら、もういないですもんね。バーネットのことはみんな気にして見ているんですよ。勝ち試合でパトさんのアナウンス「ラスト３」「ラスト２」「ラスト１」が入ってくるとすごく盛り上がるので。

パト　「ラ～スト　スリ～！」

亀三郎　（笑）。その後で、とりあえずみんなで「落ち着け～」って言うのが習わしです（笑）

パト　アハハハハ。登場曲もいいですよね。ＺＺトップのクラシックロックが好きだなあ。

亀三郎　ブルペンで投げていても絵になる

んですよ、投げている姿が一発で分かるんですよね。

パト　マジメなので練習量、ハンパないっすよ。コブシ球場の投手練習でとんでもなく速い球投げていますよ。いつもトモ（伊《い》藤《とう》智《とも》仁《ひと》）さんが受けているんですが、至近距離で思いっきり投げてるんです。18・44メートルじゃなくて、だいたい10～12メートルのところで。トモさんも捕るのは大変だろうなと思いますよ。

亀三郎　今年も新しい外国人選手が入りましたね。

パト　メジャーリーガーのオンドルセク。「ブリッジ」からマウンドを見ると、ちょうどマウンドにネットが重なった景色が見えるんですよ。だいたいどの投手もネットから頭が出ている絵柄になるんですけど、オンドルセクは腰から上が出てる。

亀三郎　大きいですよね。遠近感おかしいっスもん（笑）。ミレッジも面白いですよね。来日した瞬間に「俺、ガンガン行くぜ。盗塁王獲るぜ」って言って、福地《ふくち》寿樹《かずき》さんの走塁練習を見て「無理！」って言ったという。……俺、くだらねえこと覚えてんなあ（笑）

パト　ロマンはスタジアム通りのラーメン店「元祖札幌や　青山店」が好きみたいですよ。コンビニのちょい横。試合後、奥さんと子供とあそこでラーメンを食べたりしてる超庶民派ですよね。ラーメン大好きなんですって。

亀三郎　ロマンといえばＴｗｉｔｔｅｒですよね。「焼肉食べた」とか書いたり。

【スワローズのココがすごい】

亀三郎　ブルペンが見えるのは神宮球場のいいところですよね。西武は見えますけど、ちょっと囲われているじゃないですか。

パト　選手と触れ合える絶好のボールパーク。ジャパニーズ・ボールパークって感じですよね。選手と話すこともできるし、サインも握手も。ここまで触れ合えるチームはないですよ。

亀三郎　他チームでは、選手が自転車に乗っている姿は見ないですからね。それも折り畳み白転車（笑）

パト　なおかつ、ヤクルトのファンはマナーがいい。

亀三郎　ファンの中毒症状としてはサンケイスポーツを買う症状がありますね。すごいところとしては、スタジアムＤＪがスゴイ！

パト　あざっす！　自分で言うのもなんですが、スタジアムＤＪが外でしゃべっているのも特徴（笑）。ユニホームはカッコイイですよね。大好きです。特にストライプが。

亀三郎　いいですよね！

パト　ビジターの紺色も大好きです。

亀三郎　いいですよね‼

パト　スタジアムＤＪをやらせてもらって個人的に嬉しかったことはガチャピン、ムックと絡めたことですね。40年以上やっている元祖マスコットですから。あとは伊東四朗《いとうしろう》さん、剛力彩芽《ごうりきあやめ》ちゃんと絡めたことも。

亀三郎　俺も絡みましたよ（笑）

パト　亀三郎さんとも絡ましてもらって（笑）

亀三郎　ダハハ。あっ、ファンが試合中に帰らないのはスワローズのすごいところですよ。かなりリードされると、他球場では7回くらいに引き揚げていく人が多いじゃないですか。電車の時間の都合とか、東京ドームだと駅がすごく混むからとかあるんでしょうけど。でも、神宮はみんな試合が終わるまでいる。負けていても9回裏までちゃんと応援する。で、みんな「あ〜あ」って言いながらユニホーム畳んで「また明日」って（笑）。メガホンを投げたりとか、そういうことは絶対しないかな。試合後に傘が落ちていることもないし、僕らが座っているところはゴミを回収して帰るし。

パト　子供も走り回っています。平和ですよね。相手チームがいいプレーした時は拍手が起こる。

亀三郎　拍手しますよね。悔しくても。

パト　敵ながらあっぱれ！　みたいな。

亀三郎　野球好きな人が多いんですよ。他の球団とかもちゃんとチェックして「今日勝つと0・5ゲームになるよね」なんてデータをポンポンポンポン言い合って。野球に興味がない人から見たら「大丈夫か？」みたいな人がいっぱいいますよ（笑）

パト　誰の応援歌が好きですか？

亀三郎　浩康さんの好きですねえ。あと宮《みや》出隆自《でりゅうじ》さんのも良かった。

パト　宮出さんのは♪粋な男、でしたっけ。

亀三郎　川端さんとかが一番盛り上がるかなあ。あとバレンティン。みんなで「♪アーチを描け」の腕の振りは左右どっちからいくのかで、いつもモメるんです（笑）

パト　僕は比屋根渉《ひやねわたる》さんの応援歌が好きで

すね。

亀三郎　ヘーサン！

パト　♪ヘーサン　ひぃや～ね～。福地さんの応援歌も好きでした。♪光の速さで福地！

亀三郎　応援歌もそうですけど、登場曲は飯原誉士《いいはらやすし》さんと川端さんが盛り上がりますね。今、外野で流行りそうで流行らないのがあるんですよ。大引さんの時の応援ポーズなんですけど。

パト　あっ、アレですね。

亀三郎　「おおびき！（両手で頭上にマルを描いた後、空手の押忍ポーズのように両ひじを体側に引き付けるポーズ）」っていうのをやっているんですけど。すっげえ微妙な（笑）。「かっ飛ばせ～おおびき！」でポーズをつけてみるんですが何か違う。「うん、確かに〝おおびき〟だね！」ってすごく分かるんですけど。一部でポツポツとやり始めてますが、何か釈然としない（笑）

パト　出陣式の時に大引さんがステージに上がってきた時、煙山光紀《けむやまみつのり》アナウンサーから「パトリックさん、今年何か大引さんに応援で考えてます？」と聞かれたので、「おおびき！」ってやったら「ハイ、次」みたいになっちゃいました（笑）

亀三郎　大引がドン引きだった（笑）。いけそうなポーズである気もするんですけど、応援する動きだから腕は引くよりも、押し出す方が勢いがつくと思うんですよ。こういうのも含めて、３日間くらい外野にいると面白いですよ！　試合をまたいで行ったり、見る場所、角度を変えていくと見方が変わっていくんです。例えば、バックスクリーンにいるとブルペンはよく見えるんですけど誰だか分からない。これが内野席側に寄っていくと分かってくる。さらに寄るともっと分かってくる。微妙に投げ方で分かってくるんですよ。

【神宮再開発　新球場に望むこと】

亀三郎　屋根にするな！　洋式のトイレを増やせ！

パト　外国人のお客さん、ホント多いですからね。

亀三郎　あとは下の売店のコンコースがもう少し野球色が強くなればいいなあ。壁に何か掲示したり、何かメモリアル的なものを作ったりとか。球場の関係で難しいかもしれないですけど。

パト　神宮球場はグラウンドを見やすいネットを張っていると思います。野球を見る人に優しい。そこを大事にする球場にしてほしいですね。

亀三郎　バカみたいにデカい球場は作ってほしくないですね。ドームみたいに5万人入ると言われてもねえ。たぶん無理です（笑）。3万ちょっとで、立ち見も残してほしい。外野席で立って見る、夕焼けがキレイですから。

パト　空は見える感じにして。完成は10年後ですから、その頃には何か簡易的ドーム装置みたいなものが出来て、雨が降った時だけ屋根がかけられるようになるかもしれないですね。開閉式ではなく、雨降った時だけボタンを押してバルーンのようなものでパーンと屋根が出来ますみたいな。

【２人にとってのスワローズ】

パト　ライフワークです。仕事を超えていますから。ファンの人達と交流もあるし、小さい子供たちが毎年成長していくのも見られて、おじさん、おばさんがアメを持ってきてくれたり。球団の人たちとも毎年毎年コミュニケーションが広がって、しゃべり以外のこともとでも何かをお願いされたりするようになりましたし、僕もそれをやることに違和感がない。もう生活の中心ですもん。

亀三郎　子供の頃って、試合は普通に始まったんですよ。何事もなくスターティングメンバーを発表して、また始まったなという感じだったんですけど、パトさんが来てから試合のちょっと前に行くのが楽しくなりましたね。パトさんとつば九郎と絡んで、グラウンドに着く選手をメガホンで一緒に応援して。「さあ、試合入るぞ」というのがありますね。

パト　生活のリズムはもうヤクルトで出来ていますし、あと年齢を重ねても常にかっこいいスタジアムＤＪでいたいから、体も鍛えるし走るし。スワローズにいなかったら、もうお腹出てたと思いますよ。つば九郎くらい。

亀三郎　パト九郎（笑）。僕にとってスワローズは日常ですね。趣味ではなく日常。そういう存在です。いやあ、病気ですね、もう持病。日常だから、シーズンオフはすげえウズウズしますよね。「野球見てえー」「神宮行きてえー」ってなります。新聞を読んでも「スワローズ不足」を補えないまま、毎年シーズンを迎えます。

パト　自主トレは見に行ったりとかします？

亀三郎　散歩がてら行きますね。オフになった瞬間から来年のことを考えているので。

パト　オフになった瞬間から、僕自身は来年があるかなあとヒヤヒヤしてます（笑）

亀三郎　まあまあまあ、怖い怖い……（笑）。優勝する前にパトさんの首が切られたら、ファンの暴動が起きると思いますよ。パトさんを胴上げしよう！　というファンは多いですよ。1回転しますか（笑）

パト　若松勉《わかまつつとむ》さん並みに（笑）。嬉しいですねぇ。そういうふうに思っていただけるのはホントに嬉しすぎます……。つば九郎も胴上げしたいですよね。

亀三郎　また頭が取れちゃったりして（笑）。右翼スタンドのフェンスに乗っけたいですね。

パト　フェンスに登って、ガッツポーズしてほしいなあ。

亀三郎　新しい神宮球場になっても選手が登れるフェンスは残しておいて欲しいですね。逆に、登れるような選手が出てきて欲しいという思いもありますし。

パト　勝つのが最大のファンサービスですからねえ。勝った時にファンと一緒に盛り上がる瞬間は、僕も一番楽しいです。勝利の「関東一本締め」も。

亀三郎　その瞬間、みんなそっちの方向に「気を付け」をしますからね（笑）。片付けとかしているのに「あ、始まる、始まる」って。

【今季の注目ポイント】

亀三郎　優勝しますよ！　まあ、適材適所にハマってないポジションが幾つかあると思うので、そこが夏前までにハマってるといいですね。外野は結局誰なんだっていう感じですもんね。

パト　決まっているのは雄平《ゆうへい》選手だけ。真中監督が常におっしゃる「諦めずにしぶとく」「しぶとい野球」という言葉がありますが、開幕６戦は全部しぶとかったですね。……あと今季は畠山選手が走る。

亀三郎　走る！

パト　それで盛り上がる！

亀三郎　３つ盗塁してほしい！

パト　３つやったら？

亀三郎　昨年の記録を抜きます（笑）。あとは浩康さんの「受け入れる」ってすごい言葉ですよね。二塁でゴールデングラブ賞まで獲っていて、その人が「受け入れる」と言ったのは。

パト　その言葉にはすっごい大きなもの、色んなものが詰まっている。で、「俺を使えばこれだけやるぜ」っていうのを結果でアピールしてるし。本拠地開幕戦の阪神戦でゲッツーに倒れた場面があったじゃないですか。次の打席の時に能見《のうみ》篤史《あつし》投手のインサイドに食い込んでくる、あの変化球で四球を選んだんですよね。その後に雄平選手、畠山選手のタイムリーが出た。前の打席でゲッツーだから、普通は打ちたいじゃないですか。でも打たずに四球を選ぶ。それってすごいなと。

亀三郎　明治神宮参拝の時、絵馬に「受け

入れる」って書いたんですよね。

パト　みんなが「日本一」「優勝」と書いている時に「受け入れる」って。

亀三郎　浩康さんの気持ち、活躍がチームに浸透して、みんながそういう意識になればいいですね。だって受け入れなきゃいけない選手、いっぱいいますもん。

【今シーズン注目選手】

パト　畠山選手は昨年も得点圏打率4割くらいありました。畠山選手が打順5番、6番で勝負強かったら、もうスワローズはかなりイケる気がします。抜け目のない打線、強いチームになると思うので。勝負どころで畠山選手がガツンと打つと。これがまた盛り上がるんですよ。畠山選手のファンはおっちゃん、太い人から小さな子供まで幅広い。女性ファンも結構多いですし、なんといってもキーになる選手です。

亀三郎　バーネットかな。バーネットがいっぱい出てくるってことは勝ち試合が多いってことですからね。で、みんなで「落ち着け〜、落ち着け〜」と言う（笑）

パト　キレキレのバーネット、すごいもんね。まさにファイヤーボール。球に炎がついていることもある（笑）

亀三郎　その炎、外野で見ていても分かる（笑）

パト　山田《やまだ》哲人《てつと》選手のトリプル3も見たいですね。開幕戦の第1打席で安打を放って、さらに広島・前田《まえだ》健太《けんた》選手の初球で二盗。有言実行ですからね。ああいう姿を見ると「よっしゃ、今年行くぜ」ってなりますよね。あとは雄平選手のフルスイングを見ていたい。バレンティンだけでなく、雄平選手のティーバッティングもお金獲れると思いますもん。打撃練習ツアー、球団がやってくれないかなあ。

亀三郎　練習を見るのも楽しいですよね。打撃練習ツアーはファンクラブでやってもいいと思います。あとはベンチ前でストレッチしてるんだか、してないんだか分かんない畠山さんを見るというのも楽しい（笑）。「寝てるのか、今どこを伸ばしているのか？　引っ繰り返っているけど、なんなんだ？」という。他の選手を見ると体のどこを伸ばしているのか分かるんですけど、畠山さんは分からない。そういうところが面白いですけどね（笑）

パト　ダハハハハハハ！

亀三郎　宮本さんのキャッチボールも良かったなぁ。返球が全部胸元ですもんね。ファンが早めに球場へ行って練習を見ていたら、選手もたぶん盛り上がると思うんですよね。選手、ファンの両方が声をかけやすいし。以前、川崎《かわさき》宗則《むねのり》さんがソフトバンクに在籍している時、川崎さんが福岡ドームの外野の出っ張っている席の前にバット持ってワーッと走ってきて。その前でブンブン素振りを始めたんですよ。

パト　へえ～！

亀三郎　超盛り上がるんですよ。

パト　それはいいファンサービスですね！

亀三郎　ほかに何するわけじゃないんすよ。そこでただ素振りをするだけ。

パト　ファンは大喜びですよね。

亀三郎　そういう楽しさがあるじゃないで

すか、球場って。

パト　プロの人ってやっぱりすごいもんね。キャッチボールでも、素振りでも。まずキャッチボールがすごいですよね。軽〜く投げているんだけど、ピシッとくる。それも、ちゃんと胸元に。当たり前のことなんですけど、当たり前のことがすごい。バント練習もそう。マシン相手に普通な感じでやっているけど、打球がピタッとくる。

亀三郎　ほかには三輪正義《みわまさよし》さんを見たいですね。外野で結構「三輪盛り上がり」もしますよ、守備固めで出てきた時に声がかかりますもん。「雨降ってないぞ〜」とか。雨担当ですもんね、ノーゲーム担当。

パト　三輪選手恒例の雨天ベースランニングショーですね。昨年交流戦の千葉ロッテ戦が中止になった時、やっぱり三輪っちが、やったんですよ。まず一塁にヘッドスライディング、そして一、二塁間は狭殺をかいくぐって二塁へ、最後は左前適時打で返ってくる、というストーリー付きのベーランをやったんです。「ナイス、三輪！」なんて言っていたら、ベンチにいたバレンティンから「お前やれ」と指名されて。で、僕やったんですよ。

亀三郎　それ、すっげえＴｗｉｔｔｅｒが盛り上がったんですよ。「パトさん、走ったー！」っていう内容がタイムライン上にドワーッと流れてきて。ものすごい数だったんですよ。それを見ながら「お前ら、どんだけ神宮にいるんだよ！」と思いました（笑）

パト　二塁はケツから行って、１度二塁けん制で戻って。三塁に回るところでつば九郎が腕を回してくれて、ホームで思いっきり頭から行きました。その後、三輪選手から「パ

トリックさんに持っていかれた。俺、一応プロだから頼むよ。担当なんだからコレ」って苦情が来ました（笑）

亀三郎　その日のＴｗｉｔｔｅｒの中では三輪さんがやってないことになっているくらい、パトさんで盛り上がりました！

パト　ベーランは本当に気持ち良かったですよ。三輪さんがやきもち焼いちゃったみたいな（笑）

【スワローズファンの皆様へ】

亀三郎　声を大にしてスワローズファンと言おうよ。恥ずかしいことじゃないんだからさあ。芸能人の方なんか特に。「隠すなよ、オイコラ」って思いますよ。ホントに。恥ずかしいことじゃないんだから。

パト　亀さんは芸能人スワローズファンのリーダー的存在ですからね。

亀三郎　いやいやいや。芸能人の方はいろんなスポンサーの関係で面倒なことがあるのも分かりますよ、分かるけども！　いやいやいや、言おうよ。

パト　名乗りをあげてほしいですよね。

亀三郎　右翼席のみんなも、球団に言いたいことは言おうよと。与えられたもので満足するんじゃなくて、こうしたいああしたいというのはやっぱり言うべきだと思う。スワローズファンはお行儀がいいから、あんまり言わないんですよね。でも、特に今年は言いやすいぞ、たぶん（笑）。あと、パトさんにお願いがあります。

パト　なんでしょう？

亀三郎　アナウンスする時に、どこかのタイミングで「オンドルセク」の上に「東京」を付けてもらいたいんですよ。

パト　東京オンドルセク？

亀三郎　東京オンドド、ルセク。

パト　イエーイ、ＯＫ！

亀三郎　もう1個言っていいですか。どこかのタイミングで「川パパ慎吾」って言ってほしいです。川端さんがお父さん、で「川パパ慎吾」。ヒーローインタビューとかに混ぜてください。

パト　「今日のヒーローは川パパ慎吾〜！」。気付く人だけが「あれ？」って（笑）

亀三郎　「東京オンドルセク」をどっかで突っ込みたいんですよね。

パト　亀さん、トモさんなみの仕掛け人ですね（笑）

亀三郎　みんな球場で「応燕」しましょう、球場で。姿を見せて応援してください。何でもそうだし、バスケットボール、ラグビーもそうですが、生で見た方が絶対楽しい。テレビで見ているとそこしか映っていない。実はその時ブルペンで「オンドルセク、でかっ！」とか感じられる。画面に映っていない選手、光景、出来事が見れますよ。

パト　一緒に「Ｇｏ Ｇｏ Ｓｗａｌｌｏｗｓ！」を叫びましょう！

亀三郎　いつも叫んでます！

私にも言わせろ！　ヤクルトファン20人の叫び

私にも言わせろ！

岩崎征実

My Favorite Player

杉浦享

必殺仕事人のテーマに乗って登場し、初球は決して振らず、たとえ追い込まれても動じることなく好球必打。とてつもないスイングスピードから放たれる弾丸ライナーがスタンドに突き刺さる。プロ野球選手の凄みを感じました。1992年日本シリーズ第1戦、西武鹿取投手から打った代打満塁サヨナラホームランも忘れられません。

Profile　いわさき・まさみ　1971年、東京都生まれ。東京ヤクルトスワローズファン兼声優。鍛えた身体と喉で神宮球場ライトスタンドから熱く声援を送る。株式会社尾木プロTHE NEXT所属。

スワローズファン歴30年以上

気がつけばスワローズファン歴は30年以上。嬉し涙も悔し涙も沢山流してきました。その中心にあったのが神宮球場です。小学生の頃、初めて一人で電車に乗り神宮球場へ西武とのオープン戦を観に行きました。先発は荒木と東尾。まだベンチシートだったライトスタンドで夢中で観戦し、家への連絡を忘れてしまい両親に叱られたのも今では良い思い出です。スワローズには神宮球場が良く似合い、神宮球場にはスワローズが良く似合うと思います。今では少なくなってしまった屋外球場。気持ちの良い風が吹き抜ける神宮球場で、季節を感じながらスワローズを応援出来る幸せを噛みしめつつ、これからもスワローズ愛を貫き通したいと思います。ビバ！　スワローズ!!

荻島初栄

My Favorite Player

船田和英

1978年新春。静岡放送主催の宴に現れた船田和英選手の印象は「大きい人」。球界の不幸な事件に巻き込まれ、決して順風満帆とは言えない野球人生を送ってきた船田は、この年、スワローズ初優勝の立役者となった。奇しくもこの年の春、母校浜松商業も選抜で初優勝。「大きな人」は、笑顔も大きかった。

Profile　おぎしま・はつえ　神奈川県厚木市出身。大学卒業後、静岡放送にアナウンサーとして勤務。同僚の荻島正己アナとの結婚を機に退社。以後はフリーとしてナレーション、イベントMCなどを担当。司会、やります^_^

思い出と共に三角地帯へ

神宮球場で野球を観る。大声で東京音頭を歌いながら、傘を振り回したいから、主にライトスタンドで。

たまに、ゆっくりまったり見たい時もある。そんな時は、三角地帯に行く。外野ライトポールの内野寄り。昔の内野Cかな？　背もたれがあって楽だ。ブルペンで準備するピッチャーの背番号が見え、次は誰が投げるのかを確認したり。ビール片手に野球談議をしたい輩には丁度いい混み具合。

古田敦也の派手な引退試合も、小野公誠のラストホームランも宮本慎也の2000本安打も、ここで見届けた。隣りにいた夫はもう居ないが、私はまた思い出と共に三角地帯に行く。

私にも
言わせろ!

横田栄司

My Favorite Player

ぼくは、スワローズに携わった選手はみんな好きです。在籍している選手はもちろん、移籍した選手、来てくれた選手も応援しています。だから、巨人から来てくれた奥村選手も、巨人に行った相川選手も応援しています。ただ、巨人に移籍し阪神で引退して解説するような人は信用していません。ま、そんな人はいないでしょうけどね。

Profile よこた・えいじ　皆様はじめまして。横田栄司と申します。文学座という劇団に所属し、舞台のお芝居で糊口をしのいでおります。主にシェイクスピアのお芝居を中心に出演していますが、最近流れて評判になったCM、便器のバイ菌の親子のお父さんがぼくです。

優勝してみんなで抱き合って泣きたい!

野球で泣きますか？　ぼくは決して泣き上戸ではないけれど、野球に関してはよく泣きます。ヒーローインタビュー、引退試合、ハタケのスリーベース、新人の初勝利、もはや泣きに神宮に行っているようなもんです。ただぼくの神宮NP（泣きポイント）は、みなさんよりも若干多いかもしれません。ここに羅列させていただきます。開門／夕焼け／花火／パトさんの「○○ファンのみなさーん、ようこそ神宮球場へー！」／ちびっこ／ソーセージを買うビジターファン／ツバメ軍団／家族連れの館山／オープニングムービー／エールの交換／座席の譲り合い／勝った後のHUB／再会／バイバイ／また明日……書いてて泣けて来た（笑）優勝してみんなで抱き合って泣きたいですね。ではまた、夢の神宮でお会いしましょう！

My Favorite Player

畠山和洋

スラッガーらしいスタイルでワイルドさがあるのに、親近感も抱いてしまう。通い始めた頃から気になる選手でした。まだ応援しはじめて1年ですが、通算100本塁打を大好きな神宮球場で直接観ることができて、とても感動しました。初めて行ったファン感謝祭での三輪選手との罰ゲーム（キスシーン）が今でも忘れられません（笑）

富田千穂

Profile　とみた・ちほ　モデル。2014年から神宮に通い始めたファン1年生。趣味はTVゲーム、サバイバルゲームなど。選手のプレーに触発され、バッティングセンターへ頻繁に足を運ぶ。ブログ「狩女富田千穂のサブ狩る日誌」。

スワローズファンに悪い人はいない！

引越しを機に神宮へ通いはじめ、どっぷりはまってしまったスワローズ応援。以前から高校野球は好きでしたが、プロ野球は時々観に行く程度でした。応援に行くたび選手が気になり、調べるたびに好きになり、気付けばファンになっていました。それと同時に神宮球場の居心地の良さ、ファンの温かさを感じました。ファン歴の長い方が多い中、なりたての私が一緒に応援できるか心配でしたが、「まだファンになったばかりで」と言うと皆さん口を揃えて「関係ないよ」と言ってくれます。そして「スワローズファンに悪い人はいないから」とも。スワローズという球団は、たくさんの感情、感動、楽しさをくれます。それを共有するファンもまた、素敵な人の集まりなのです。

m@i

My Favorite Player
アーロン・ガイエル

打率は2割半ばなのに出塁率は4割近い。そんな驚異的な数字を残す不可思議な選手。2007年の古田選手の引退試合。平凡なレフトフライを遊撃手と左翼手が交錯し落球！　その時ダイヤモンドを激走！　まさかのランニングホームラン‼ "魔空間"を信じるしかなかった瞬間でした。沢山のミラクルを魅せ、スワローズを沢山愛してくれてありがとう！

Profile 1984年、東京都生まれ。ボーカリスト。2008年1st single『白馬の王子様』をリリース。モデルとしても活動。スワローズ愛から応援ソング『声燕～ koe ～』を発表し、音楽のチカラを発信中。

"スワローズが好き" ただコレだけなんです

両親は巨人ファン。高津投手と川崎投手に魅了され、幼い頃からスワローズファン。20代に入り初めて神宮球場へ足を運ぶ事に。球場内は皆が楽しそうに応援している。そして何よりも満開の傘の華！　こんなに華やかな応援をするチームがあったなんて……♩　完全に心奪われ傘を買い、景色の一つになれた瞬間を今でも忘れません。【選手とファン】【ファンとファン】の距離がとても近く、何処か家族のような温かさがあるのも魅力の一つ。私自身も球場で大切な仲間が出来ました。"スワローズが好き" ただコレだけなんです。きっかけは★　きっと、これからも私の心の中にスワローズファンとしての思い出が沢山刻まれていくのだと思います。スワローズ大好き!!

安倍洋平

My Favorite Player

度会博文

すごくいい表情で楽しそうにプレーする姿、代打や複数ポジションなどチームのために何でもしてくれるところ、草野球中にスカウトされて入団したという経歴、読み方が最初分からなかった苗字。全部が好きな選手でした。内野のイメージが強かったのに引退後、外野担当のコーチになったのを知ってもっと好きになりました。

Profile　あべ・ようへい　1985年、埼玉県生まれ。サンミュージック所属のお笑いコンビ、ドラピンポンのツッコミとして都内のライブを中心に活動中。

次にヤクルトが優勝したらその年に売れる！

売れてない芸人というのは願掛けが好きです。例えばボウリングをしている時は「ここでストライク出せたら売れる」、エレベーターに乗っている時は「一階まで一度も停まらなかったら売れる」とか。何の根拠もなければ失敗したら辞めるとかもないのですが、自分を奮い立たせるんです。僕も一つだけやっている願掛けがあります。「次にヤクルトが優勝したらその年に売れる」です。僕はこう考えています。2006年からお笑いを始めた僕が売れてないのはヤクルトのせいなのね、そうなのね。あくまで考えなので苦情は受け付けません。ヤクルトスワローズ様、今年こそは僕を追い込んでください！

ラリゴ

My Favorite Player

雄平

投手高井雄平時代から闘志むき出しで直球を投げ込む姿が大好きでした。色々な葛藤もあったであろう中で野手転向という決断。そして今では四番バッター。並大抵の努力じゃなかったはず。プレイスタイルは変わらず全力。フルスイング！　同い年のスターの背中を糧に僕も直球勝負！　フルスイングで生きていきます！

Profile 1984年10月14日生まれ。ホリプロコム所属。2015年4月よりピン芸人として活動中。

求む！　長期活躍の助っ人外国人選手

僕が野球を始めたのは小学校低学年の頃、同時にプロ野球にも興味を持ち始めました。当時、野村監督政権のヤクルトスワローズは本当に強くて魅力的で一瞬にしてファンになりました。ヤクルトの歴史の中で、特に助っ人外国人選手の活躍を無視する事は出来ないと思います。良い外国人選手をスカウトしている事は勿論の事、外国人選手が伸び伸びとプレイ出来る環境。それがヤクルトスワローズの良いところじゃないかと思います！　数年活躍したら他のチームに持っていかれるお決まりのパターンはもう見たくない！　5年、10年と長く活躍してくれる助っ人外国人選手をそろそろ見たいです！

溜口佑太朗

My Favorite Player

田中浩康

私は男ですが、好きな顔のタイプのプロ野球選手が二人いまして。そのうちの一人が浩康さんなんです。まったく変な意味ではなくてですよ。ヤクルトにいつの時代にも必ず一人はいる、いぶし銀臭がぷんぷんする所もたまらなく魅力的で大好きです。あ、あともう一人のタイプの選手は中日の山井さんです。

Profile ためぐち・ゆうたろう　1985年、埼玉県生まれ。お笑いコンビ、ラブレターズとして活動中。コントの日本一を決める大会、キングオブコント2011・2014でファイナリストに。過去には、神宮球場でボールボーイを7年間務めていた。

「私はボールボーイ」

ボールボーイは仕事中、偏った球団の応援はしてはいけないというルールがあります。私も当然このルールを守ってきました。しかし一度だけこのルールを破ってしまったことがあったのです。ヤクルトが初めてCS進出を決めた試合後、私たちはベンチ裏を掃除していました。そこに「やったぜー！」とテンションMAXの飯田コーチが来て、ボールボーイ一人一人にハイタッチを求めてきたのです。冒頭のルールを守り、皆が控え目に迎える中、私だけは勝利の嬉しさと飯田さんとのハイタッチで完全にタガが外れ、「ヒュー！　ポー！」という謎の奇声を発し、ぶっ壊れてしまったんです。その後、吐くほど先輩に怒られましたが、かけがえのない財産を私は手に入れました。

ゆってぃ

My Favorite Player

池山隆寛

宮本選手が池山選手に代わりショートで台頭してきた時、何を隠そう宮本選手嫌いでした（笑） 勿論サードに移り、岩村選手が台頭してきた時は岩村選手嫌いでした（笑） 誰も得しない無限ループ。今は勿論大好きですよ。

Profile お笑い芸人、1996年デビュー。ヤクルトスワローズのファンでもありながら、FC東京のサポーターとして「FC東京！ 魂」にも出演中。バンドTOKYO FRIDAY NIGHTのボーカルとしても活動中。

左の代打と言えば後関（昌彦）の世代です

小学生の頃、ライトスタンドで岡田団長に「メシ食ってる場合じゃないぞ！ 応援しよう！」と言われた時は声をかけられた事が嬉しくて、思わず食いかけの牛丼弁当を、そのままカバンに詰めた思い出のある、左の代打と言えば後関《ごせき》（昌彦《まさひこ》）の世代です。ホーナー初HR、一茂の初HR、池山隆寛の引退試合、高田監督解任試合、己の始球式。と、いろんな出来事を生で見ているので、いつかは優勝の瞬間を嫁と子供と生で見たいです！ まずは嫁と子供を作りたいと思います。

My Favorite Player

若松　勉

小学生の頃、ゲーム終盤の代打で流れを呼び寄せるヒットを生む若松選手の登場が楽しみでした。試合前見かけた、クラブハウスから普通に道を歩き球場入りする若松選手の赤縦縞の背に輝く1番、神宮の人工芝の緑を強烈に覚えています。偉大な成績を残され、監督としても手腕を発揮されたミスタースワローズ、これからも宜しくお願いします！

桃井はるこ

Profile　ももい・はるこ　1977年、東京都生まれ。元祖アキバ系女王と呼ばれるシンガー・ソングライター。キャッチーな楽曲に定評があり、楽曲提供も多数。声優としても数々のアニメに出演、海外のファンも多い。

勇気をくれる燕戦士たち

野球が観やすく開放的な昔ながらの神宮球場にスワチケやエンパワーメントユニフォームなどソフィストケートされた物が同居している所が好きで、シーズン中は気が付くと神宮にいます。実はわたしは重度のアレルギーがあり、それが子供の頃からの悩みでした。スワローズの選手達には、一癖あるプロ達が技を磨き、エリートや大男を倒すというようなカタルシス、ロマンを感じるんです。「眼鏡の選手は大成しない」という通説を破り殿堂入りした古田敦也捕手。現役では、身長をカバーするダイナミックなフォームと度胸の投球が魅力的な小川泰弘投手。彼らの雄叫びは「自分で限界を作ることはない」と教えてくれるようです。わたしも一緒に叫びます！

私にも言わせろ!

柳家東三楼

My Favorite Player

飯田哲也

ホームランを捕る。そんな夢のようなプレーで、僕の心は一杯だった。打って走って、抜群に守備が巧い。飯田哲也選手に夢中だった。細かいプレーを積み重ねるスワローズの象徴、これぞ野球なんだって、今でも思っています。お金じゃ買えない野球の面白さ。飯田選手に教えて頂きました。外野にコンバートしてからの活躍。今の浩康選手に重ねます。

Profile やなぎや・とうざぶろう　1976年生まれ。東京都江東区亀戸出身。日本大学芸術学部文芸学科中退。平成11年、三代目柳家権太楼に入門、前座「ごん白」。平成14年二ッ目昇進「小権太」。平成15年　岡本マキ賞受賞。平成26年　真打ち昇進「三代目・東三楼」襲名。平成25年より1年間、Ustream番組「柳家小権太のスワらしい世界」MCを担当。

東京はスワローズ、大阪は南海、近鉄

演芸を全国だとすると、落語は江戸、京大坂と、一地方の文化ってイメージがあります。江戸訛りも関西の細かい方言の分布も、土地の記憶を残しています。巨人や阪神はやはり全国区の球団で、東京はスワローズ、大阪は南海、近鉄、そんな思いで少年野球をしていました。僕の目は住んでいた亀戸から水道橋を通り越し、神宮に向けられていました。昨春、帝国ホテルで真打ち昇進の宴を催しました。本著の亀さん、パトさんからお祝い動画を戴き、ツバメ軍団の佐々木さん先頭で東京音頭を350人のお客様と。昔ながらの大きな緑と桃の傘が宴会場一杯に咲きました。てめえ、俺はそんな弱ぇとこのファンじゃねえぞ、と傘をさした他球団ファンの方に怒られましたが、一生の思い出です。江戸の洒落です。

私にも
言わせろ！
目の前で
日本一
胴上げをみたい!

松嵜 麗

My Favorite Player

高津臣吾

今はコーチをされていらっしゃいますがここはあえて選手、と呼ばせていただきます！　高津選手の笑顔をきっかけに、スワローズに、野球に興味を持ちはじめました。投球時の真剣な目と、しびれるシンカー、そして抑え切ったあとの笑顔！　特に、日本シリーズで決めた時の古田選手と抱き合った時の笑顔は本当に素敵でした!!!

Profile まつざき・れい　マウスプロモーション所属、声優。出演作『アイドルマスターシンデレラガールズ』諸星きらり役、『リスアニＴＶ』リス君など。超！A&G＋にて、「れい&ゆいの文化放送ホームランラジオ」も放送中！　ぜひ聴いてくださいね♪

ディズニーランドよりも神宮球場

福岡出身なので高校までは福岡ドームでオープン戦と遠征試合だけしか応燕することが出来ませんでした。ディズニーランドよりも神宮球場に行きたくて仕方なかった学生時代。上京して初めて行ったった時は、球場の素晴らしさに感動しました！　風が気持ちよくて、選手が近くてプレーもよく見えて、夜は照明の光がグラウンドに反射して綺麗で、たくさんのヤクルトファンでいっぱいの外野席での応燕は最高に楽しくて、ヤクルトがより好きになりました！　大好きだから一喜一憂して辛い時期もあるけど、でもやっぱり選手の皆さんの一生懸命なプレーとあの楽しそうな笑顔を見られたら吹っ飛んじゃうくらいに応燕楽しい！　お婆ちゃんになっても外野席で応燕していたいな♪

あらいさん

My Favorite Player

川端慎吾

私がアイドルの仕事ですごく悩んでいる時に勇気をくれたのが、スワローズの川端慎吾選手でした。川端選手が怪我から復帰して活躍している姿を見て、私も川端選手のように輝きたいと思いました。頑張る姿をファンに見てもらい元気をあげる存在は、プロ野球選手もアイドルも同じなんだと感じ、私も頑張ろうと活動の力にもなりました。

Profile 1989年、富山県生まれ。元アイドルグループメンバー、ヤクルトファンのプロデューサーをきっかけに神宮球場通いになった。芸能界を引退し現在はマルチに活動している。

最下位じゃないヤクルトスワローズ

私がヤクルトファンになったのは最下位真っただ中の2013年夏からなので、私は最下位のスワローズしか見たことがありませんでした。バレンティンの本塁打記録や小川投手の新人王がかかっていたり、宮本慎也さんの引退などもあり最下位ながらも楽しみながら野球を見てきました。しかし、2015年シーズン序盤は今まで私が見たことのないヤクルトスワローズでした。投手野手ともに粘って競り勝つチームです。ファンも最後まで諦めない、監督コーチそして選手たちがその声援に応えてくれる。私は今までにない興奮を覚えました。選手たちが優勝目指して頑張っているのだから、ファンである私も最後まで諦めないで優勝を願って声援を送り続けたいと思います！

ながさわたかひろ

My Favorite Player

一場靖弘

彼は僕自身でした。2009年まで楽天を応援していた自分がヤクルト入りを決心したのは彼の移籍によってです。移籍後初登板となった横浜戦は5回4安打5四死球という決して褒められない内容なるも初（でもって唯一の）勝利。試合後、制球難は「自分の持ち味」と言い切って失笑を買うおバカっぷりに嬉し泣きしました。

Profile 1972年、山形県生まれ。絵描き。「描くことが戦力になる」をモットーに、スワローズの全試合を描いている。著書『プロ野球画報 東京ヤクルトスワローズ全試合』（ぴあ刊）が発売中。今シーズンの絵は〈ゆるすぽweb〉で毎日更新中！　スワローズ応援番組「笑福亭べ瓶のスワいち！」に出演中。

全力で向かったその先に待つ喜びを皆さんと！

一場を追って杜の都・仙台を離れ、神宮の杜に飛来しヤクルトの門を叩いたのが2010年、それからこっち全ての試合を観て、描いてきました。それはつまり、何も知らなかったヤクルトの選手一人一人とチームへの思い、そして愛を深めていった過程でもあります。毎年、球団にはフィールド外の選手としての交渉をしていますが、未だその願い叶わず、最近では若干煙たがられている体たらくです。でもいつかきっとと前を向き、今日も観戦、ハイライトを描く日々は続きます。この活動が、このまま成就することなく終わるのか、それともハッピーエンドの大団円、真中監督の胴上げで終わるのか、全力で向かったその先に待つ喜びを皆さんと分かち合いたいと思っています！

My Favorite Player

西田明央

2010年の春の甲子園で選手宣誓をしていたことで知り、応援するようになりました。ホームランも打つことができ、スローイングが魅力的な選手で、今後の活躍がとても楽しみです。年齢も同じなので、自分も頑張ろうと、元気の源になっています。

為近あんな

Profile ためちか・あんな　奈良県出身。「ミスFLASH2015」グランプリ受賞。グラビア、舞台、ライブなど、様々なジャンルで活動している。オフィシャルブログ「為近あんなのため知識」、スマホ放送局　マイスマTV・生放送番組「為近あんなのボナスタジアム☆年間シート」メインMC（http://www.mysma.tv/tvlist/tamechika/）。

プロ野球チップスで由規選手

私がヤクルトスワローズを好きになったきっかけは、なんと！　プロ野球チップスで由規選手が出たことでした。その年に高校野球で応援していた西田明央選手がドラフトで入団したこともあり、試合を見にいくようになったのです！　ですが、西田選手は二軍で、由規選手も、怪我のため離脱していたので、観戦する機会は減っていきました。が、2013年に西田選手が一軍の試合に出場したことで、観戦の頻度が増え、よりのめり込んでいきました。そこから小川選手や雄平選手など、魅力的な選手を再認識し、よりヤクルト愛が大きくなりました。あのとき、プロ野球チップスで違う選手が出ていたらどうなっていたのでしょうか（笑）由規選手に感謝です！

私にも言わせろ！

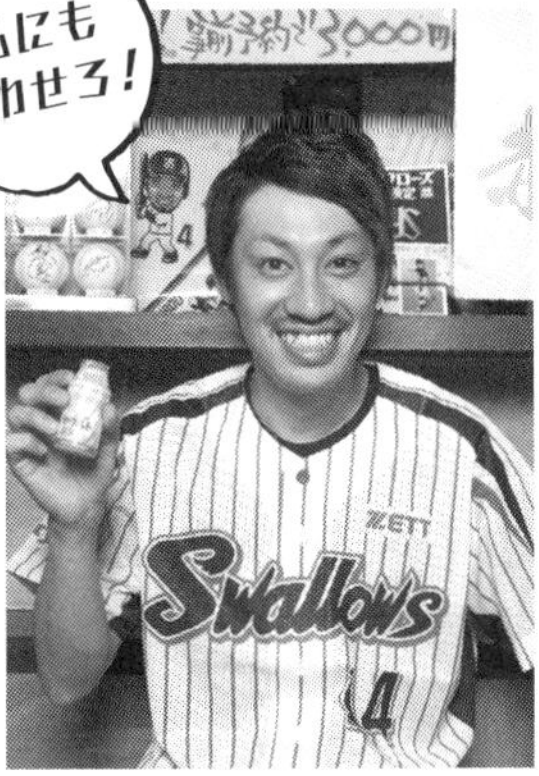

藤田貴道

My Favorite Player

高津臣吾×古田敦也

幼少期のテレビ放送は巨人戦ばかり。そして隣には大の巨人ファンの親父。終盤、スワローズがリードしていると高津さんが決まって登場する。応援に熱が入る親父を横目に「あー絶対打てないよなー」と心の中で思う私。そしてやっぱり当たり前の様に抑えてしまう。この２人のおかげで、ちょっとだけ親父をギャフンと言わせられた気がした。

Profile　ふじた・たかみち　長野県生まれ。実家がお寺の為、仏教関連の大学を卒業し僧侶資格を取得するも、大好きな飲食の世界へ。現在、東京・赤坂にある居酒屋「赤坂元気（仮）」店長。店内を勝手にスワローズ一色にし、連日ファンの方とスワローズ戦生放送&応燕中！

『都内数少ないスワローズ戦全試合生放送居酒屋』

自分自身幼い頃はサッカー少年。スワローズとの出会いは数年前外苑前の居酒屋で働き始めた事がきっかけ。神宮球場がすぐ近い事もあり、ヤクルトファンのお客様との交流が始まりました。正直、当時はどこのファンともなかった私ですが、お客様と神宮球場へ。球場へ野球を観戦に行く事が初めての私は、ひよこが初めて見る鳥を親と思ってしまうかの様にそのままヤクルトファンへ。赤坂に移転後、当初はサッカーや野球、その他スポーツ全般を放送するスポーツ居酒屋としていましたが、徐々にスワローズ比率が増え、今ではスワローズ一色に。まだまだファン歴の短い私ですが、沢山のヤクルトファンの方々に囲まれ、幸せな日々。たまに応燕に熱が入り過ぎて、料理や飲み物の提供が遅くなる事はご愛嬌♪

My Favorite Player

田中浩康

ルーキーから数年間を取材。尽誠学園―早大の野球エリート。プロ入り後は気苦労があったのではと老婆心ながら心配していました。ゴールデングラブ賞を獲得した時は、親戚のオバちゃんのように嬉しかったです。ここ数年のトンネルを「受け入れる」という気構えで乗り越えようとする姿にエールを送ります。

丸井乙生

Profile まるい・いつき　1973年、青森県生まれ。中大卒業後、スポーツ新聞社を経て現在テレビ番組の取材、リサーチ会社「株式会社アンサンヒーロー」代表取締役。元スポーツ紙記者、フリーライター集団でスポーツ、ドキュメンタリー、バラエティー番組のリサーチ業務に携わっている。

古田さんには記事内容で一度ガッツリ怒られました

通算5年間の担当記者時代、皆さんに大変よくしていただきました。年月を経ると怒られた記憶の方が鮮明で、勝手ながら大切な思い出としています。古田さんには記事内容で一度ガッツリ怒られましたが、その後インタビュー企画に度々出演していただきました。宮本さんにもよく的確に叱られましたが、取材を断ることはないプロでした。思い返せば、皆様のお叱りごもっともです！　一番最初に声をかけてくれた江花ブルペン捕手、当時球団広報のカトケンさん、後年スカパー！のキャンプリポートでお邪魔した際に指を差して笑ってくれた館山投手にも感謝申し上げます。現在は野球以外の取材が多いですが、ドキュメンタリー番組などでヤクルト選手の番組露出を狙っていきます。それが私に出来る恩返しです。

河合健太郎

My Favorite Player

真中　満

誰か一人となると難しいですが、私はやはり、今季から指揮を執る真中監督を挙げたいと思います。ここ数年で大きくチームの世代交代が進み、スワローズの将来を担う若い選手が何人も登場しました。そんな若くて勢いのあるチームを、現役時代に何度もチームを救った勝負強さで、優勝へ導いてくれると期待しています。

Profile　かわい・けんたろう　東京ヤクルトスワローズ私設応援団「ツバメ軍団」会長。高校生の時に入団し、今年で11年目。今年もツバメ軍団は、学生と社会人が力を合わせて、全国を飛び回ります。

毎年、最後は必ず夢と感動を与えてくれる

「スワローズの魅力は何ですか？」と尋ねられた時、私はいつも「毎年、最後は必ず夢と感動を与えてくれること」と答えます。2009年のように、シーズン中に怪我をする選手が続出したり、連敗が続いたりと苦しい時期がありながらも、チーム一丸となってCSに進出した年がありました。2013年、14年は最下位でしたが、それでもバレンティン選手や山田選手が偉大な記録を達成し、歴史を塗りかえる瞬間に立ち会うことが出来ました。このように、毎年ドラマを見せてくれるスワローズ。今年は“優勝”という形で、10年越しの物語に終止符を打ってくれると信じています。また、少しでも選手を後押し出来るよう、日々応援活動に励みたいと思います。

笑福亭べ瓶

My Favorite Player

小野公誠

現役時代は名捕手、古田さんの陰に隠れるような形になってしまいましたが、プロ初打席とプロ最終打席がホームランというプロ野球史上初の記録を打ち立て、「記憶に残る選手」になりました。光ばかりに目が行く世の中ですが、小野選手の最後の涙を見て、「陰で一生懸命頑張る人がいるからこそ、光輝く人がいるんだ」と再確認しました。

Profile しょうふくていべべ　1982年10月16日生まれ。170cm 65kg。右投右打。関学高～関学大（中退）～笑福亭鶴瓶一門。2009年「東西若手落語家コンペティション」優勝、2014年「NHK新人落語大賞」決勝進出、2015年「なにわ芸術祭」新人奨励賞受賞。スワローズ応援番組「笑福亭べ瓶のスワいち！」が好評放送中。

「スワローズファン、おるやん!!」

僕は関西生まれなので、物心ついた頃から周りにいるのはタイガースファンでした。テレビやラジオでもタイガースの特集が組まれるのは当たり前。そんな環境で育ちました。その後、僕は噺家になり、5年前に東京へ引っ越しました。まず感じた事。「スワローズファン、おるやん!!」。それがとにかく嬉しかった。そんなスワローズファンの皆さんともっと触れ合う場所が欲しい！と思ってスマホ向け放送局やUstreamで個人的にやり始めた事が、あれよあれよと色んな方々とのご縁で、今はニコニコ動画で毎月第2・4月曜の21～23時で、ながさわたかひろさんと山本祐香さんと「生放送」に拘ってお送りしています。皆さんとスワローズの良い所も悪い所もぶっちゃけあえる番組を目指してますので、ぜひご覧下さーい！

私にも
言わせろ！
NO SWALLOWS NO LIFE

山本祐香

My Favorite Player

アーロン・ガイエル

2007年に加入、シーズン35本塁打と大活躍。1イニングに2死球を受けるなど四死球の多さも有名で、空間を歪める不思議な力があるという都市伝説の持ち主。一番の思い出は、古田さんの引退試合でのランニングホームラン。平凡なショートフライのはずが、ボールが風に煽られ…気づいた時にはホームイン。キュートな笑顔も忘れられません。

Profile　やまもと・ゆうか　北海道出身。26歳でOLを辞め上京、タレント活動を開始。キャッチフレーズは"三度の飯より野球が大好き"でプロ野球・アマチュア野球問わず観戦。スワローズ応援番組「笑福亭べ瓶のスワいち！」に出演中。

今はほぼ毎試合神宮球場へ

北海道で生まれ育った私がスワローズに興味を持ったきっかけは、ピアノ教室に置いてあった漫画「かっとばせ！　キヨハラくん」でした。漫画で面白おかしく描かれている選手たちが1992年の日本シリーズで真剣に戦っている姿に感動し、新聞記事を切り抜いてはスクラップしたことを覚えています。初めて神宮球場を訪れたのは2007年。目の前に広がる芝生と高く青い空、響く歓声や間近に見る選手のプレーに気分が高揚し、この先私が生きていく場所はここしかない！　と強く思いました。そして半年後には会社を辞め上京。今はほぼ毎試合神宮球場へ行き、スワローズを応援しています。スワローズは今までもこれからも私の人生と共にあるもの。日本一の瞬間を目の前で観る日が楽しみです。

記録　2001～2014年の歩み

年度	チーム名	順位	試合	勝	敗	引	勝率	監督
2014	東京ヤクルトスワローズ	**6**	144	60	81	3	.426	小川淳司
2013	東京ヤクルトスワローズ	**6**	144	57	83	4	.407	小川淳司
2012	東京ヤクルトスワローズ	**3**	144	68	65	11	.511	小川淳司
2011	東京ヤクルトスワローズ	**2**	144	70	59	15	.543	小川淳司
2010	東京ヤクルトスワローズ	**4**	144	72	68	4	.514	高田繁・小川淳司
2009	東京ヤクルトスワローズ	**3**	144	71	72	1	.497	高田繁
2008	東京ヤクルトスワローズ	**5**	144	66	74	4	.471	高田繁
2007	東京ヤクルトスワローズ	**6**	144	60	84	0	.417	古田敦也
2006	東京ヤクルトスワローズ	**3**	146	70	73	3	.490	古田敦也
2005	ヤクルトスワローズ	**4**	146	71	73	2	.493	若松勉
2004	ヤクルトスワローズ	**2**	138	72	64	2	.529	若松勉
2003	ヤクルトスワローズ	**3**	140	71	66	3	.518	若松勉
2002	ヤクルトスワローズ	**2**	140	74	62	4	.544	若松勉
2001	ヤクルトスワローズ	**1**	140	76	58	6	.567	若松勉

2001年シーズン

リーグ順位：1位（76勝58敗6分　勝率.567）　監督：若松勉

打率.274①、本塁打148③、防御率3.41①

◇主なスターティングメンバー◇			スタメン試合数	打率	HR	打点	盗塁	表彰
(中)	真中	左	102	.312	7	36	7	
(遊)	宮本		125	.270	1	17	11	G・G
(右)	稲葉	左	137	.311	25	90	5	B9
(一)	ペタジーニ	左	138	.322	39	127	4	本塁打王／打点王／B9／G・G／MVP
(捕)	古田		116	.324	15	66	1	B9／G・G
(三)	岩村	左	134	.287	18	81	15	G・G
(左)	ラミレス		136	.280	29	88	1	
(二)	土橋		137	.249	2	31	1	

◇投手上位成績◇			登板	投球回	勝	敗	S	防御率	表彰
先発	藤井	左	27	173⅓	14	8	—	3.17	最多勝／B9
先発	石井一	左	27	175	12	6	—	3.39	
先発	入来		24	129⅓	10	3	—	2.85	
中継ぎ	石井弘	左	39	39⅔	2	3	1	3.40	
中継ぎ	五十嵐亮		41	41⅔	2	3	—	2.59	
中継ぎ	山本樹	左	61	58⅓	6	3	1	2.93	
抑え	高津		52	51⅔	0	4	37	2.61	最優秀救援

B9はベストナイン、G・Gはゴールデングラブ

[話題]

●シーズン前に川崎憲次郎が中日へFA移籍、ラミレス新加入

●ペタジーニがMVP、本塁打、打点、最高出塁率のタイトル獲得

●投手陣は２年目の藤井秀悟が最多勝獲得、最優秀救援賞は高津

●先発では入来智、中継ぎでは前田浩継も奮闘

●若松監督は優勝決定後の胴上げで縦に1回転
　マイクでは「ファンの皆様、本当におめでとうございます」と挨拶

●石井一がオフに米球界へ移籍

●伊藤智仁が引退

2002年シーズン

リーグ順位：2位（74勝62敗4分　勝率.544）　監督：若松勉

チームデータ：打率.263②、本塁打142③、防御率3.39③

◇主なスターティングメンバー◇			スタメン試合数	打率	HR	打点	盗塁	表　彰
(中)	真中	左	83	.248	4	25	2	
(遊)	宮本		114	.291	5	25	6	G･G
(右)	稲葉	左	108	.266	10	39	3	
(一)	ペタジーニ	左	131	.322	41	94	0	B9／G･G
(捕)	古田		110	.300	9	60	3	
(三)	岩村	左	140	.320	23	71	5	B9／G･G
(左)	ラミレス		139	.295	24	92	0	
(二)	城石		63	.248	8	28	1	

◇投手上位成績◇			登板	投球回	勝	敗	S	防御率	表　彰
先発	ホッジス		32	200⅔	17	8	—	3.41	最多勝
先発	石川	左	29	178⅓	12	9	—	3.33	新人王
先発	藤井	左	28	195⅔	10	9	—	3.08	
中継ぎ	河端		43	46⅔	3	3	—	2.70	
中継ぎ	石井弘	左	69	89⅔	6	2	5	1.51	最優秀中継ぎ
中継ぎ	五十嵐		64	78	8	2	4	2.08	
抑え	高津		44	41⅔	0	2	32	3.89	

B9はベストナイン、G･Gはゴールデングラブ

[話題]

●石井一がメジャー移籍で不在も、石井弘が中継ぎでリーグ最多の69試合登板。石井弘―高津のリレーが確立した

●石川が12勝で新人王、ホッジスが17勝で最多勝、石井弘は最優秀中継ぎ投手賞

●98年に日本ハムから新加入した城石が台頭

●主砲・ペタジーニがオフに巨人へ移籍

2003年シーズン

リーグ順位：3位（71勝66敗3分　勝率.518）　監督：若松勉

チームデータ：打率.283②、本塁打159②、防御率4.12③

◇主なスターティングメンバー◇			スタメン試合数	打率	HR	打点	盗塁	表　彰
(右)	稲葉	左	62	.273	11	30	4	
(遊)	宮本		140	.284	7	44	11	G・G
(一)	ベッツ	左	99	.287	15	52	2	
(左)	ラミレス		140	.333	40	124	4	本塁打王／打点王／B9
(三)	鈴木	左	131	.317	20	95	2	B9
(捕)	古田		138	.287	23	75	2	
(中)	真中	左	87	.293	6	48	6	
(二)	土橋		80	.302	6	27	0	

◇投手上位成績◇			登板	投球回	勝	敗	S	防御率	表　彰
先発	石川	左	30	190	12	11	—	3.79	
先発	ベバリン		19	106	8	4	—	4.08	
先発	鎌田		30	115	6	7	—	3.21	
中継ぎ	山本	左	50	47⅔	1	3	—	2.64	
中継ぎ	石井弘	左	36	45⅓	6	1	1	1.99	
中継ぎ	五十嵐		66	74	5	5	—	3.89	
中継ぎ	河端		37	41⅓	2	3	—	3.48	
抑え	高津		44	42	2	3	34	3.00	最優秀救援

B9はベストナイン、G・Gはゴールデングラブ

[話題]

●西武から移籍の鈴木健が復活

●ラミレスが最多安打、本塁打、打点のタイトルを獲得

●藤井秀悟がケガで抜けた先発の穴は新加入のベバリンが8勝

●高津は通算230セーブの日本記録を達成したほか、最優秀救援賞を獲得

●このオフ、高津が米球界へ移籍

2004年シーズン

リーグ順位：2位（72勝64敗2分　勝率.529）　監督：若松勉

チームデータ：打率.275③　本塁打181④、防御率4.70⑤

◇主なスターティングメンバー◇			スタメン試合数	打率	HR	打点	盗塁	表彰
(中)	真中	左	55	.272	4	20	1	
(遊)	宮本		89	.301	11	26	6	
(三)	岩村	左	137	.300	44	103	8	G·G
(左)	ラミレス		129	.305	31	110	2	
(一)	鈴木	左	123	.289	15	65	1	
(捕)	古田		131	.306	24	79	1	B9／G·G
(右)	稲葉	左	104	.265	18	45	6	
(二)	土橋		96	.315	9	34	3	

◇投手上位成績◇			登板	投球回	勝	敗	S	防御率	表彰
先発	石川	左	27	163⅓	11	11	—	4.35	
先発	ベバリン		22	136⅓	9	11	—	4.42	
先発	川島		23	139⅓	10	4	—	3.17	新人王
中継ぎ	坂元		34	49	4	2	—	4.41	
中継ぎ	河端		61	58⅔	3	1	—	3.68	
中/抑	石井弘	左	38	52⅔	4	2	5	2.05	
抑え	五十嵐		66	74⅔	5	3	37	2.66	最優秀救援

B9はベストナイン、G·Gはゴールデングラブ

[話題]

●守護神・高津をメジャー移籍で欠いて臨んだシーズン。その穴を五十嵐が球団新記録の42セーブポイントで埋めて最優秀救援投手賞

●川島亮が両リーグ新人でただ１人の2桁勝利を挙げて新人王獲得

●古田は選手会選手会長として、球界再編問題に取り組んだ

2005年シーズン

リーグ順位：4位（71勝73敗2分　勝率.493）　監督：若松勉
チームデータ：打率.276①、本塁打128⑥、防御率4.00③

◇主なスターティングメンバー◇			スタメン試合数	打率	HR	打点	盗塁	表彰
(中)	青木	左	143	.344	3	28	29	新人王／首位打者／B9
(遊)	宮本		135	.265	7	47	5	
(三)	岩村	左	142	.319	30	102	6	G・G
(左)	ラミレス		146	.282	32	104	5	
(右)	宮出		67	.320	8	46	5	
(一)	リグス		73	.306	14	44	4	
(捕)	古田		86	.258	5	33	1	
(二)	城石		92	.256	2	30	2	

◇投手上位成績◇			登板	投球回	勝	敗	S	防御率	表彰
先発	藤井	左	28	176	10	12	—	3.43	
先発	石川	左	26	149⅔	10	8	—	4.87	
先発	川島		20	128⅓	9	10	—	2.81	
先発	館山		25	150⅓	10	6	—	3.95	
先発	ガトームソン		16	97	8	5	—	4.18	
中継ぎ	吉川		61	58	3	3	—	3.72	
中継ぎ	五十嵐		49	56⅔	3	2	4	3.49	
中継ぎ	花田		40	49⅔	0	1	—	3.81	
中継ぎ	松岡		4	23⅔	1	2	—	3.80	
抑え	石井弘	左	61	73⅔	4	3	37	1.95	

B9はベストナイン、G・Gはゴールデングラブ

[話題]

●プロ2年目の青木が台頭。94年イチロー以来の200安打達成でリーグ最多安打202をマーク。
●青木は新人王、首位打者、最多安打のタイトルを獲得
●古田が4月19日広島戦、父の故郷である愛媛県松山市で通算2000本安打を達成
●オフに若松監督が退任。古田が野村克也（当時南海）以来29年ぶりとなるプレーイングマネジャーに就任した

2006年シーズン

リーグ順位：3位（70勝73敗3分　勝率.490）　監督：古田敦也
チームデータ：打率.269②、本塁打161①、防御率3.91④

◇主なスターティングメンバー◇			スタメン試合数	打率	HR	打点	盗塁	表　彰
(中)	青木	左	146	.321	13	62	41	盗塁王／B9／G･G
(一)	リグス		142	.294	39	94	11	
(三)	岩村	左	143	.311	32	77	8	B9／G･G
(左)	ラミレス		146	.267	26	112	0	
(二)	ラロッカ		102	.285	18	63	2	
(右)	宮出		109	.275	9	59	1	
(遊)	宮本		72	.304	2	34	3	
(捕)	米野		99	.235	7	37	0	

◇投手上位成績◇			登板	投球回	勝	敗	S	防御率	表　彰
先発	石川	左	29	151	10	10	—	4.53	
先発	石井一	左	28	177⅔	11	7	—	3.44	
先発	ガトームソン		25	173⅔	9	10	—	2.85	
先発	ゴンザレス		17	114⅓	9	7	—	3.15	
中継ぎ	花田		51	54	4	2	—	3.33	
先/中/抑	館山		44	79⅔	2	5	5	3.95	
中/抑	木田		56	58⅓	3	5	8	3.09	
先/抑	高津		48	42⅔	1	2	13	2.74	

B9はベストナイン、G･Gはゴールデングラブ

[話題]

●古田監督就任で石井一、木田優夫が米球界から日本球界復帰
●球団名を「東京ヤクルトスワローズ」に変更
●古田監督は2番にリグスを置くなど超攻撃的打線を組んだ。リグスはチーム最多の39本塁打
●ガトームソンが5月25日楽天戦（神宮）で史上72人目のノーヒットノーラン達成
●青木は最多安打、最多盗塁のタイトル獲得

2007年シーズン

リーグ順位：6位（60勝84敗　勝率.417）　監督：古田敦也

チームデータ：打率.269②、本塁打139②、防御率4.07⑤

◇主なスターティングメンバー◇			スタメン試合数	打率	HR	打点	盗塁	表　彰
（中）	青木	左	143	.346	20	58	17	首位打者／B9／G·G
（二）	田中浩		126	.295	5	51	8	B9
（左）	ラミレス		144	.343	29	122	0	打点王／B9
（右）	ガイエル	左	142	.245	35	79	2	
（一）	宮出		77	.279	9	46	3	
（遊）	宮本		129	.300	5	39	3	
（三）	飯原		113	.246	8	32	23	
（捕）	福川		75	.224	7	29	1	

◇投手上位成績◇			登板	投球回	勝	敗	S	防御率	表　彰
先発	グライシンガー		30	209	16	8	—	2.84	最多勝
先発	石井一	左	28	166⅔	9	10	—	4.16	
先発	石川	左	26	96⅔	4	7	—	4.38	
先/中/抑	館山		45	127⅔	3	12	5	3.17	
中継ぎ	吉川		43	42⅓	2	2	—	3.61	
中継ぎ	木田		50	48⅔	1	3	2	3.14	
中継ぎ	高井	左	52	43⅓	3	6	1	5.19	

B9はベストナイン、G·Gはゴールデングラブ

［話題］

●青木は首位打者、最高出塁率のタイトルを獲得。ほかにラミレスが最多安打、打点王。ラミレスは204安打をマーク

●新加入のグライシンガーが最多勝を獲得

●古田監督が退任、現役も引退

●オフにはグライシンガー、ラミレスのエースと4番が巨人へ移籍。石井一は西武へ「友達をつくるために」FA移籍

●石井一の人的補償として俊足巧打の福地を獲得

2008年シーズン

リーグ順位：5位（66勝74敗4分　勝率.471）　監督：高田繁

チームデータ：打率.266④、本塁打83⑤、防御率3.75④

◇主なスターティングメンバー◇			スタメン試合数	打率	HR	打点	盗塁	表彰
(右)	福地	両	118	.320	9	61	42	盗塁王
(三)	宮本		113	.308	3	32	3	
(中)	青木	左	112	.347	14	64	31	B9／G・G
(一)	畠山		112	.279	9	58	2	
(左)	飯原		108	.291	9	62	28	
(二)	田中		143	.290	5	50	4	
(遊)	川島慶		96	.255	4	35	20	
(捕)	福川		79	.207	7	35	1	

◇投手上位成績◇			登板	投球回	勝	敗	S	防御率	表彰
先発	石川	左	30	195	12	10	—	2.68	最優秀防御率／G・G
先発	館山		24	153⅓	12	3	—	2.99	
先発	村中	左	21	122⅓	6	11	—	4.34	
中継ぎ	松岡		65	71⅓	5	3	—	1.39	
中継ぎ	押本		67	72⅔	5	6	1	3.34	
中継ぎ	五十嵐		44	43⅔	3	2	3	2.47	
抑え	林昌勇		54	51	1	5	33	3.00	

B9はベストナイン、G・Gはゴールデングラブ

[話題]

- 1月に3対3の大型トレードで藤井、坂元、三木が日本ハムへ移籍。日本ハムから川島慶、橋本、押本を獲得した
- 元巨人の高田繁監督が就任
- 巨人に開幕3連勝
- 名手・宮本が遊撃から三塁へコンバート
- 新加入の林昌勇が守護神に君臨
- 福地は最多盗塁、石川は最優秀防御率のタイトルを獲得した
- 1年目のドラフト1位・由規は２勝も、剛速球での活躍に期待が集まった

2009年シーズン

リーグ順位：3位（71勝72敗1分　勝率.497）　監督・高田繁

チームデータ：打率.259②、本塁打116④、防御率3.97⑤

◇主なスターティングメンバー◇			スタメン試合数	打率	HR	打点	盗塁	表彰
（左）	福地	両	119	.270	5	34	42	盗塁王
（二）	田中浩		126	.258	4	35	6	
（中）	青木	左	141	.303	16	66	18	B9／G·G
（一）	デントナ		104	.276	21	83	0	
（右）	ガイエル	左	117	.267	27	80	2	
（三）	宮本		127	.294	5	46	3	G·G
（捕）	相川		122	.247	5	43	2	
（遊）	川島慶		116	.255	12	43	8	

◇投手上位成績◇			登板	投球回	勝	敗	S	防御率	表彰
先発	館山		27	188⅓	16	6	—	3.39	最多勝
先発	石川	左	29	198⅓	13	7	—	3.54	
先発	由規		22	121	5	10	—	3.50	
先発	ユウキ		19	100⅔	5	6	—	3.40	
中継ぎ	押本		51	64	2	6	1	2.67	
中継ぎ	五十嵐		56	53⅔	3	2	3	3.19	
抑え	林昌勇		57	57	5	4	28	2.05	

B9はベストナイン、G·Gはゴールデングラブ

［話題］

●相川が横浜から新加入。球団初のFA獲得選手となった

●デントナも新加入　●9月に1992年以来の9連敗

●右手親指骨折の宮本が強行出場する

●高木、鬼崎、ユウキの活躍で息を吹き返し10月9日の対阪神との直接対決に勝利して3位が確定　●3年ぶりのAクラスで初のクライマックス・シリーズ進出

●初の勝率5割未満のCS出場チームとなった

●CSはインフルエンザにより選手が離脱　●花田、城石が引退

●オフに五十嵐がFAで大リーグ・ニューヨーク・メッツに移籍

●青木が最高出塁率、福地が最多盗塁、館山が最多勝を獲得

2010年シーズン

リーグ順位：4位（72勝68敗4分　勝率.514）　監督：高田繁、小川淳司監督代行
チームデータ：打率.268②、本塁打124③、防御率3.85②

◇主なスターティングメンバー◇			スタメン試合数	打率	HR	打点	盗塁	表彰
(中)	青木	左	143	.358	14	63	19	首位打者／B9／G･G
(二)	田中浩		140	.300	4	54	4	
(左)	飯原		106	.270	15	48	8	
(一)	ホワイトセル	左	65	.309	15	53	0	
(左)	畠山		64	.300	14	57	0	
(捕)	相川		119	.293	11	65	2	
(三)	宮本		125	.276	4	39	2	G･G
(遊)	川端	左	52	.298	1	21	0	

◇投手上位成績◇			登板	投球回	勝	敗	S	防御率	表彰
先発	石川	左	28	186⅓	13	8	—	3.53	
先発	由規		25	167⅔	12	9	—	3.60	
先発	村中	左	28	178	11	10	—	3.44	
先発	館山		21	147⅔	12	7	—	2.93	
中継ぎ	押本		61	61	3	4	—	2.66	
中継ぎ	増渕		57	60⅓	2	3	—	2.69	
中継ぎ	松岡		73	71⅔	3	4	3	2.64	
抑え	林昌勇		53	55⅔	1	2	35	1.46	

B9はベストナイン、G･Gはゴールデングラブ

［話題］

●阪神から藤本をFAで獲得
●交流戦で9連敗を喫するなど低迷。5月26日楽天戦を最後に高田監督が辞任。ヘッドコーチの小川淳司が監督代行として指揮をとった
●6月にホワイトセル、リリーフ陣の渡辺、山岸を獲得
●6月以降は持ち直し、6月は14勝8敗、7月11勝8敗、8月は10連勝を含む18勝8敗。3位とのゲーム差は最小で3.5ゲームまで猛追した
●青木は首位打者獲得。史上初となる２度目の200安打を達成し、シーズン打率.358で球団新記録を樹立した
●由規、村中がそれぞれ自身初の2桁勝利を挙げ、先発陣の若返りが進んだ
●畠山が自身初の2桁本塁打をマーク。「2軍の帝王」がいよいよ開花

2011年シーズン

リーグ順位：2位（70勝59敗15分　勝率.543）　監督：小川淳司

チームデータ：打率.244③、本塁打85②、防御率3.36⑤

◇主なスターティングメンバー◇			スタメン試合数	打率	HR	打点	盗塁	表　彰
(中)	青木	左	144	.292	4	44	8	B9／G･G
(二)	田中浩		139	.252	1	40	2	
(遊)	川端	左	114	.268	4	46	0	
(左)	畠山		139	.269	23	85	1	
(一)	ホワイトセル	左	80	.247	12	33	0	
(三)	宮本		132	.302	2	35	2	B9／G･G
(右)	バレンティン		138	.228	31	76	1	本塁打王
(捕)	相川		122	.244	1	33	0	

◇投手上位成績◇			登板	投球回	勝	敗	S	防御率	表　彰
先発	石川	左	27	178⅓	10	9	—	2.73	
先発	館山		26	180⅔	11	5	—	2.04	
先発	増渕		27	134⅓	7	11	—	4.22	
先発	由規		15	100⅔	7	6	—	2.86	
中継ぎ	久古	左	52	37	5	2	1	3.65	
中継ぎ	バーネット		48	47	1	1	2	2.68	
中継ぎ	押本		65	68⅔	3	2	1	3.28	
中継ぎ	松岡		63	63	2	2	—	2.86	
抑え	林昌勇		65	62⅓	4	2	32	2.17	

B9はベストナイン、G･Gはゴールデングラブ

［話題］

●東日本大震災の影響により、開幕日が当初の3月25日から4月12日に延期された

●8月上旬までは首位に立つも、由規、館山、石川、宮本ら主力にケガ、肺炎が相次ぎ、最大10ゲーム差をつけた中日に逆転され、最終的に70勝59敗15分2.5ゲーム差の2位

●CSファーストステージは巨人に2勝1敗で勝利、球団初のファイナルステージに進出したが、中日に2勝4敗で敗退した

●石井弘、佐藤賢引退

●バレンティンが本塁打王を獲得

●オフに青木が海外FAでメジャー挑戦を表明

2012年シーズン

リリーグ順位：3位（68勝65敗11分　勝率.511）　監督：小川淳司

チームデータ：打率.260①、本塁打90②、防御率3.35⑤

◇主なスターティングメンバー◇			スタメン試合数	打率	HR	打点	盗塁	表彰
(二)	田中浩		137	.274	2	40	1	B9／G・G
(中)	上田	左	41	.257	0	12	8	
(左)	ミレッジ		125	.300	21	65	9	
(右)	バレンティン		101	.272	31	81	0	本塁打王／B9
(遊)	川端	左	123	.298	4	49	3	
(三)	宮本		100	.267	3	23	1	G・G
(一)	畠山		119	.266	13	55	2	G・G
(捕)	中村		69	.254	1	15	1	

◇投手上位成績◇			登板	投球回	勝	敗	S	防御率	表彰
先発	館山		25	168 1/3	12	8	—	2.25	
先発	ロマン		26	165 2/3	9	11	—	3.04	
先発	村中	左	25	144	10	7	—	3.88	
先発	石川	左	27	172 2/3	8	11	—	3.60	
先発	赤川	左	28	156 2/3	8	9	—	3.79	
中継ぎ	押本		65	59 2/3	4	1	1	3.62	
中継ぎ	日高	左	66	51 1/3	3	2	—	2.98	
中継ぎ	山本		50	44 2/3	2	2	—	1.21	
中継ぎ	正田	左	24	25 1/3	0	0	—	2.84	
抑え	バーネット		57	54 1/3	1	2	33	1.82	最多セーブ

B9はベストナイン、G・Gはゴールデングラブ

[話題]

●年明けに青木がブルワーズへの移籍が決定。林昌勇が退団

●3月19日に球団事務所が東京都港区東新橋から北青山に移転

●3月30日の開幕・巨人戦で球団史上初の開幕戦完封勝ちを記録

●2年連続のクライマックスシリーズ出場

●CSファーストステージでは中日に1勝2敗

●バレンティンが2年連続本塁打王を獲得、バーネットが最多セーブ王

●宮本が通算2000本安打

2013年シーズン

リーグ順位：6位（57勝83敗4分　勝率.407）　監督　小川淳司

チームデータ：打率.253④、本塁打134②、防御率4.26⑤

◇主なスターティングメンバー◇			スタメン試合数	打率	HR	打点	盗塁	表　彰
(二)	山田		90	.283	3	26	9	
(中)	上田	左	86	.257	4	22	18	
(左)	ミレッジ		96	.251	16	49	9	
(右)	バレンティン		128	.330	60	131	0	MVP／本塁打王／B9
(一)	畠山		91	.219	12	51	0	
(左)	宮本		50	.266	0	17	1	
(遊)	森岡	左	78	.247	1	21	0	
(捕)	中村		76	.234	4	24	1	

◇投手上位成績◇			登板	投球回	勝	敗	S	防御率	表　彰
先発	小川		26	178	16	4	—	2.93	新人王／最多勝
先発	石川	左	24	148⅓	6	9	—	3.52	
先発	八木	左	26	152	5	13	—	4.44	
先発	村中	左	25	111⅔	5	9	—	5.00	
中継ぎ	久古	左	38	29⅓	2	1	—	2.76	
中/抑	石山		60	58⅓	3	3	10	2.78	
抑え	山本		64	59⅔	1	3	11	2.87	

B9はベストナイン、G・Gはゴールデングラブ

[話題]

- ●5月以降は最下位に低迷
- ●バレンティンが9月15日の対阪神戦（神宮）で日本プロ野球新記録のシーズン56号本塁打、アジア野球新記録の57号本塁打。さらに60本として3年連続本塁打王を獲得
- ●宮本慎也、藤本敦士が引退
- ●バレンティンがMVP、本塁打王、最多出塁率をマーク
- ●16勝を挙げた小川が新人王、最高勝率、最多勝に輝いた

2014年シーズン

リーグ順位：6位（60勝81敗3分　勝率.426）　監督：小川淳司
チームデータ：打率.279①、本塁打139③、防御率4.62⑥

◇主なスターティングメンバー◇			スタメン試合数	打率	HR	打点	盗塁	表　彰
（二）	山田		143	.324	29	89	15	B9
（中）	上田	左	58	.210	2	20	16	
（三）	川端	左	141	.305	10	69	2	
（左）	バレンティン		105	.301	31	69	2	
（右）	雄平	左	139	.316	23	90	10	B9
（一）	畠山		110	.310	17	79	2	
（遊）	森岡	左	73	.276	2	31	1	
（捕）	中村		92	.298	5	41	0	

◇投手上位成績◇			登板	投球回	勝	敗	S	防御率	表　彰
先発	石川	左	27	165	10	10	—	4.75	
先発	小川		17	108⅓	9	6	—	3.66	
先発	ナーブソン	左	24	137	4	11	—	4.53	
先/中	石山		35	109⅓	3	8	—	4.53	
先/中	八木	左	23	103⅔	5	6	—	3.91	
中/抑	秋吉		61	71	3	4	5	2.28	
中継ぎ	山本		52	45⅔	3	4	3	3.55	
中/抑	バーネット		33	32⅓	1	2	14	3.34	

B9はベストナイン、G·Gはゴールデングラブ

［話題］

●序盤から故障者続出。終盤まで最下位に低迷し、9月22日に小川淳司監督が球団に申し入れ、今季限りで監督を辞任。2年連続最下位だった
●新人・秋吉が61試合登板で好成績。山田は日本人右打者歴代最高の193安打をマーク。投手から野手転向していた雄平が3割到達
●2015年の監督にチーフ打撃コーチの真中満が就任

著者略歴

坂東亀三郎

一九七六年、東京都生まれ。本名は坂東輝郷。人間国宝の十七代目市村羽左衛門の孫で、八代目坂東彦三郎の長男。一九八一年十二月、国立劇場「寺子屋」の寺子で初お目見え。八二年五月、歌舞伎座「淀君情史」の亀丸役で五代目坂東亀三郎を名乗り初舞台。屋号は音羽屋。

パトリック・ユウ

一九六八年、東京都生まれ。アメリカ人の父と韓国人の母をもつハーフ。カナディアン・アカデミー国際高校卒業。二〇〇八年より東京ヤクルトスワローズのオフィシャルスタジアムDJを務める。スワローズファン感謝DAYや新入団記者会見などのMCも担当。日本語と英語を織り交ぜたテンポの良い口調でスタジアム全体を盛り上げる、日本を代表するスタジアムDJ。背番号は通称パットから「810」。

絶対《ぜったい》東京《とうきょう》ヤクルトスワローズ！
——スワチューという悦楽《えつらく》

二〇一五年七月一〇日　第一刷発行

著者　坂東亀三郎《ばんどうかめさぶろう》
　　　パトリック・ユウ

発行者　古屋信吾

発行所　株式会社さくら舎　http://www.sakurasha.com
東京都千代田区富士見一-二-一一　〒一〇二-〇〇七一
電話　営業　〇三-五二一一-六五三三　FAX　〇三-五二一一-六四八一
　　　編集　〇三-五二一一-六四八〇　振替　〇〇一九〇-八-四〇二〇六〇

写真　稲村不二雄

装丁　アルビレオ

印刷・製本　中央精版印刷株式会社

ISBN978-4-86581-020-2